SeaEagle

SeaEagle

SeaEagle

SeaEagle

懂得經濟學，
才可以做出最好的選擇！

原來，什麼事都跟錢有關

從生活實例引入經濟學的觀念和原理

百貨公司打折背後的真相是什麼？
「加購商品」讓你付出多少冤枉錢？
「顧客就是上帝」可以創造多少業績？
彩券、賭博、投資，到底有什麼不一樣？

蕭劍 著

前言：經濟學讓我們做出最好的選擇

經濟學就像遠遠掛在天邊的星辰，可望而不可及嗎？經濟學是複雜的理論，高深的原理，抽象的數學符號嗎？不，經濟學是和我們現實生活密切相關、不可分離、妙趣橫生的事實。

堵車，每個人可能都經歷過，並且充滿抱怨。其實，在經濟學家看來，這個故事大多是由一些簡單的事情導致的。為此，經濟學家以一段高速路上的經歷為例，清晰而簡單的闡明它所內涵的賽局理論。

有一天，一位經濟學教授從演講處返回住處，經過一段高速公路時，卻發現原先快速行駛的車輛一下子慢了下來。原來在南向的線路上發生了一起反常的交通事故，而結果卻是自己（向北）道路上的汽車，車速比發生事故的道路上的汽車車速下減得還多。因為人們紛紛減慢車速，想看看車道另一邊發生了什麼。好奇心在這裡產生關鍵的作用。甚至一個晚了十分鐘到達事故現場的司機，可能會感覺他已經為此付出了代價，即使他眼前的道路已經沒有擁堵了，但如果沒看上一眼，他會不甘心的。

最後大多數司機為了看十秒鐘事故現場，而多花了十分鐘的開車時間。（更可笑的是，現場可能已經被清理乾淨了，他們僅僅因為前面的人可能在看什麼，而覺得好奇，於是放慢車速。）這是一種什麼樣的現象？一些本來可以快速通過的司機，可能出於好奇稍慢了一會兒。當然，多數司機憑藉多年的開車經驗，知道當他們到達現場時，他們看一下大概要耽誤十秒鐘的開車時間。然而，當他們到達出事現場的時候，十分鐘的延誤已經是沉沒成本了；他們僅花了十秒鐘匆匆看了一眼。在他後面慢慢爬行的幾十輛車上，所有人也額外多花了十秒鐘時間。

每個人都花了十秒鐘時間看了一眼，但是他們為自己花了十秒鐘，卻為前面司機的好奇心多花了九分五十秒，這真是不划算。

這個不好的結果是因為沒有討價還價的餘地。作為一個整體，司機們絕對會做出的選擇是不損失這麼多時間，如果每個人少看這十秒鐘，每個人都可以在高速路上節省十分鐘。然而因為不存在組織協調，他們都受一種分散會計體系的約束，在這種體系下，司機對他後面的人造成的損失不在意，這就是一個在現實當中典型的非合作賽局均衡的例子。

在這本書裡，你可以從大量的生活小事中明白經濟學的規律，從生動風趣的描述中學到經濟學的常識，卻不需要去讀那些高深莫測的理論，去鑽研那些艱澀難懂的經濟學讀本。

不懂經濟？沒問題，本書真心教導你；不懂管理？沒問題，本書教會你；不懂投資？沒問題，本書告訴你賺錢的絕招。

本書可以使你在最短的時間，學到最多的經濟知識，教你在日常生活中，如何正確地認識經濟社會的各方面，更從容地駕馭生活。

目錄

第2章：消費理論——渾水變清水

第3章：消費秘密——摸大魚

第6章：投資原則——黃金不要變石頭

第7章：投資方法——石頭變黃金

第8章：賽局理論——象棋遊戲的規則

第9章：博弈原則——生活中的象棋遊戲

第1章

消費現象——一池渾水

「天天平價」的沃爾瑪

在眾多知名的連鎖超市中，人們對於沃爾瑪（Walmart）低廉的價格和優越的品質有深刻的印象。

如果你問沃爾瑪的員工：沃爾瑪成功經營秘訣何在？他們大多會回答：便宜。他們會舉例說沃爾瑪五元進貨的商品三元賣。五元進貨的商品三元賣，這就是沃爾瑪的「天天平價」。

每個到過沃爾瑪超級市場的人都知道，凡是在沃爾瑪購物的人，手上都有一張印有「We sell for less always」英文字樣的消費憑據，意思是「天天平價，始終如一」。「天天平價，始終如一」，這就是沃爾瑪馳騁全球零售業沙場的行銷策略，這也是沃爾瑪成功經營的核心法寶。

古往今來，商家皆謀三分利！五元進貨的商品三元賣，天底下怎麼會有這樣的事情？讓我們來解讀沃爾瑪的「天天平價，始終如一」吧！

實際上，商店不可能所有的商品都如此打折銷售。商場裡只有部分商品如此打折；不僅是部分打折，而且是輪流打折——今天是日用品打折，明天是調味料打折；這週是菸酒打折，下週是食品打折。其他的商品呢，其他商品的價格與其他超市的價格則沒有區別。沃爾瑪真實的行銷狀況是這樣的。

先說消費者。那些知道打折商品又意欲購之的消費者顯然願意前去購物。但去超市是要花車費和時間的。既然去了，既然花了車費和時間，哪能只購買打折商品？一般總是要購買其他商品。那些不知道打折商品的人又會怎樣？雖然不知道具體打折的是些什麼商品，但既然有打折商品，其他商品又不比別處的超市貴，為何不去沃爾瑪？

再說廠家吧！沃爾瑪的「天天平價」雖然使得商品的平均單價降低，但是由於「天天平價」吸引消費者，提高銷售量，總利潤一定不減反增。為了吸引那部分即使知道打折也不購買打折商品的消費者，最大限度地增加銷售量，沃爾瑪不可能讓所有人事先都知道具體打折的商品。它是要讓一部分人知道，又要讓一部分人不知道的。這大概就是「天天平價」表現為輪流打折的由來吧！

問題是，其他超市不會模仿嗎？如果其他超市模仿，最後平均單價降低，銷售量也不會增加，不是搬石頭砸自己的腳！

可想而知，「天天平價」是要以低廉的成本和優質的服務作為支撐。不能最大限度地降低成本，那是經不起「天天平價」考驗的，而提供優質的服務本質上也是降低成本，沃爾瑪正是透過以下一些措施來降低成本和提高服務。

其一，實施倉儲式經營管理。沃爾瑪商店裝修簡潔，商品多採用大包裝，同時店址絕不會選在租金昂貴的商業繁華地帶。

其二，與供應商密切合作。透過電腦網路，實現資訊共用，供應商可以在第一時間瞭解沃爾瑪的銷售和存貨情況，及時安排生產和運輸。

其三，以強大的配送中心和通訊設備作為技術支撐。沃爾瑪有全美最大的私人衛星通訊系統和最大的私人運輸車隊，所有分店的電腦都與總部相連，一般分店發出的訂單二十八小時之內就可以收到配發中心送來的商品。

其四，嚴格控制管理費用。沃爾瑪對行政費用的控制十分嚴格，如規定採購費不得超過採購金額的一%，公司整個管理費為銷售額的二%，而同業平均水準為五%。減少廣告費用。沃爾瑪認為保持天天平價就是最好的廣告，因此不做太多的促銷廣告，而將省下來的廣告費用，用來推出更低價的商品回報顧客。

其五，提供高品質的服務。「保證滿意」是沃爾瑪商店中懸掛最多的標語之一，這是沃爾瑪對顧客做出的承諾。沃爾瑪努力做到提供廉價商品的同時，讓顧客享受到超值服務。

這些事都跟錢有關

經濟學家提醒人們：大型連鎖超市在不同程度上實行「天天平價」行銷策略，那些小型的超市則依靠近便的地理位置和專業化售賣日用品、食品、菸酒等商品而生存。

「面子」的價值

中國人特別重視面子、講究面子。所謂「面子」，其本質就是別人對你的評價。「面子」的實質是自我人格的外在化表現。當然，人格的外在化形式與其本質並非必然統一。外在化形式有時能反映本質內容，但有時是本質的扭曲反映。

生活在現實世界的人，有兩種類型的產品可供選擇消費。一類是物質產品；一類是精神產品。相應人生的收益和效用也來自兩個方面：一是來自消費物質產品所產生的效用；一是來自消費精神產品所產生的效用。來自物質產品的效用除了可滿足人的生理需求以外，也能滿足人的一些心理需求。財富本身既能為財富所有者提供衣食住行的安全保證條件，也能使財富所有者感到自尊和富有成就感。來自精神產品的效用則更多表現在滿足人的心理需求方面。

從經濟學角度看，「面子」屬於精神產品的範疇。人們愛「面子」的實質是一個人對精神產品消費效用的偏好。社會對一個人的評價本質屬於一個人的無形資產和精神財富。這種評價對個人而言，更多表現為一種心理滿足。一個人很要「面子」，從偏好結構的角度看，就是偏好於精神產品的消費，精神產品對其產生的邊際效用相對較大。

從社會的角度看，「面子」本身有其積極的經濟價值和社會價值。首先，「面子」對個體而言畢竟是一種約束，所以客觀上提高個體利益向公共利益轉化的可能性和管道。其次，如果社會上每個人都重視「面子」，社會經濟運行會降低許多交易成本。再次，一個人講「面子」，會帶動一部分人講「面子」，進而產生精神的擴散效應和乘數效應，進一步直接和間接促進社會經濟效率的提高。

這些事都跟錢有關

「面子」對社會經濟運行也有不利作用。「面子」反映的是表面現象，「裡子」才是真實的本質。人面前是一套遊戲規則，人背後是另一套遊戲規則，這種雙重規則會加重社會成員的決策成本和監督成本，不利於社會經濟效率的提高。此外，「面子」本身也蘊藏著人的一種機會主義本能。當「面子」與「裡子」不統一時，機會主義就會油然而生。機會主義又會引發誠信缺失等許多問題，並且直接導致社會秩序建設成本的增大。

信用卡的由來

信用卡的產生，曾經有過一段趣事：有一天，美國商人麥克納馬拉在紐約一家飯店請客吃飯，在結帳的時候發現沒有帶錢包，他深感難堪，不得不打電話叫妻子帶現金來結帳。這件事讓他產生創建信用卡公司的想法，他在一九五〇年與朋友合作，創立了「大來俱樂部」。該俱樂部為會員提供一種證明其身分和支付能力的卡片，會員憑卡片可以記帳消費。

這種商業信用卡在後來隨著銀行信用的介入，逐漸轉變成以銀行信用為特徵的信用卡。自從信用卡面世以來，很快就風靡起來了。但是很快就出現問題，由於發行信用卡的銀行之間互不聯繫，持有它的人只能在一定地區使用，超出一定範圍，根本就沒人理它。

為了解決這個問題，加州的銀行率先站了出來，開始和其他地區的一些銀行訂立合約，主要就是准許它們發行加州銀行的美洲銀行卡。一九七六年，美洲銀行卡改名為「VISA」卡，這就是「VISA」卡組織的由來。隨後，為了與「VISA」卡組織的壟斷進行競爭，許多銀行發憤圖強，組建一個新的組織，該組織的成員也像「VISA」卡組織的內部成員一樣相互之間建成一個網路，進而組成「Master Card」組織，即我們常說的萬事達組織。隨著時間的推移，「VISA」和「Master Card」兩個組織日漸壯大，許多銀行不再試圖建立新的組織，而是直接加入這兩個組織中的一個。加入的條件之一，就是要在卡上標上它所加入的信用卡組織的徽記。這就是為什麼我們在使用信用卡或與信用卡相關的金融工具時，都會看到這兩個標誌的原因。這兩個組織在當今的信用卡組織中始終充當著領路人的角色，而且相互之間的競爭與壟斷也在如火如荼地進行著。

可見，信用卡的出現，其初衷就是要為人們提供一種信用憑證，使得人們可以憑藉自己的經濟收入和人格，從銀行獲得一定的信貸額度。

所以，真正意義上的信用卡能夠為你提供一定限額的消費信貸。這是信用卡的一個根本標誌。正是這個功能，信用卡具有名副其實的「信用」意義。萬事達卡國際組織的一位負責人認為，「真正的信用卡首先要有免息期，持卡人花銀行的錢，只要在免息期內還款就沒有利息；其次不需要擔保，不需要擔保人也不需要質押；第三是信用額度可循環使用。只有具備這三個條件，才算是真正意義上的信用卡。」也就是說，真正意義上的信用卡，是兼備借記功能和貸記功能於一身的。因此，只有借記功能的信用卡，雖然能給人們帶來一定的方便，但它充其量只是一個電子錢包，人們更希望的是能夠獲得它的透支功能，把電子錢包變成具有超值功能的錢包。

普通民眾一般需要進行的金融行為有三類：儲蓄、投資、資金周轉。對於儲蓄和投資行為，人們都好解決。但是，在需要資金周轉時，統計調查中發現，四〇%的被調查者還是願意跟自己的親友借錢，但現在已經有越來越多的人感到與朋友借錢不方便，人們希望從一個「非親非故」的銀行來借錢。信用卡的透支就可以讓你在短時間內急需一筆不太大的資金時，直接從信用卡上「無聲無息」地取得，只要在免息期內把款還清，你就可以「無聲無息」地透過銀行解決你的燃眉之急，而不用在親戚朋友面前表現出任何沒面子或難為情。同樣是一筆借與還的交易，在親戚朋友面前和在銀行面前卻是截然不同的兩種感受，是兩種截然不同的後果。因此，這樣的一個功能，確實是十分誘人的。尤其是對那些需要解決燃眉之急的人來說，猶如雪中送炭。

此外，即使現在有足夠的錢來消費，你也可以利用信用卡來賺取銀行的錢。因為信用卡的信貸消費有一個免息期限，至少可以等到一個月後才付帳——從簽帳到收到帳單，當中可能隔了幾個星期，從收到帳單到真正需要付帳，當中又隔了幾個星期，在這段時間裡，這筆錢可以繼續擺在銀行裡多生幾個星期的利息。比如有的持卡人要出國用錢，可以先透過信用卡花銀行的錢，而把自己的美元存在銀行裡繼續生利息。一般銀行的信用卡免息還款期是二十天到五十天不等，只要在這個期限內把銀行的錢還清，就不用付利息，而自己的存款則可以賺到銀行利息了。因此，鼓勵人民用信用卡消費，也就是在教人民如何賺銀行的錢。儘管銀行賺不到利息的錢，但會從持卡人的消費上收取傭金，這是發卡行與商家之間的事，與持卡人沒有關係了。

這些事都跟錢有關

信用卡的普及，可以讓銀行、持卡人、商家之間達到「三贏」的局面。就持卡人來說，他不僅可以很方便地在銀行網路所及的許多地方實現存取款項，以避免攜帶現金之苦，而且可以從銀行獲得相當於其月收入二至四倍的信貸資金。既可以解決許多的燃眉之急，又能夠利用銀行帳單的傳送時段和免息期來獲得一定的利息收入，賺取銀行的錢。此外，還可以在網路基礎上進行郵遞購物和網上購物，實現「足不出戶」式的購貨，實在是非常便捷的一個選擇。

貸款買房子，還是存錢買房子？

有一個故事曾經很流行，故事的主角有兩個：一個東方老太太和一個西方老太太。

東方老太太一輩子都在存錢中度過，目標就是要搬出自己破舊的房子。經過數十年奮鬥，最終她買下一所屬於自己的新房子，然而還沒來得及搬進去她就不行了，臨死時她幸福地說：「終於有了自己的新房子了……」東方老太太看似無牽無掛地走了。

那位西方老太太在臨死時也幸福地說：「終於還清了房屋貸款……」同樣也是無牽無掛地走了。不同的是，西方老太太雖然在還貸款中度過一輩子，但是也住了一輩子好房子。

兩個老太太，代表東西方兩種不同的消費觀。

如今，這種差別在新一代年輕人身上已經不大。現在，已經有「城市新貧族」和「百萬負翁」等說法，「負翁」是對負債消費人士的一種戲稱。調查顯示，現在年輕人的消費觀念越來越超前，有五七％的人表示「敢用明天的錢」，四八％的人不為自己成為「負翁」擔憂。經濟學家分析說，隨著越來越多的人習慣小康的生活水準，超前消費已悄悄地來到新世代人們的身邊。大到房屋、汽車，小到家電，年輕人都可以透過貸款的方式買了再說。

但是也有人說，這些「負翁」是在高消費「享受資源」，這些具有破壞性的享樂主義和不切實際的消費文化，是必須用制度加以約束的……經濟學家是怎麼看的？

經濟學基本的行為假設是：人們追求約束條件下的利益最大化。在經濟學看來，人都是一樣的聰明，一樣的理性，行為和結果之所以不同，完全是因為約束條件不同所致。所以，經濟學家認為，這不是東方老太太蠢，而是西方老太太聰明。首先是因為以前經濟不成熟，利率高昂；市場資訊不透明，交易費用高昂。過去，我們的經濟才剛起步，就算老太太想貸款買房子，她上哪裡去貸款？又從哪裡能買到房子？經濟穩定之後，老太太可以貸款了，也有地方買房子，但是我們的市場還不成熟，利率高昂，老太太還是不會貸款買房子。

今天，經濟穩定了，利率降下來了，市場成熟了，合約履行相關法案提高了，我們開始貸款買房子和車子。今天的年輕人，有幾個不是貸款買房子和車子？

這些事都跟錢有關

經濟學有一個定義性的規定：人的行為總是會對經濟環境做出最好的反應。今天，東方老太太「聰明」起來了，這就是市場成熟的結果。

第2章

消費理論——渾水變清水

水和鑽石的價值差別

眾所周知，可飲用的水，對於地球上的生物來說，是多麼的重要。人的生命離不開水。沒有水，人類就難以生存和繁衍生息，更不用說發展了。所以，水的巨大作用是怎麼形容也不過分的。然而水的價值卻是如此低廉；相比之下，鑽石則是另一種情形。鑽石的價值主要在於工業生產和科學研究上。也許可以說，即使沒有鑽石，人類照樣可以生存，人類社會基本上依舊可以發展至今。從這個意義上說，鑽石對人類社會甚至可以說是可有可無的。然而事實上，鑽石的價值卻如此之高。

這就是經濟學史上著名的「鑽石和水」的例子，曾經困擾經濟學界很長時間。

我們知道，物品之所以成為商品，不一定在於它本身具有多大價值，更主要的是看它

是否存在一定的需求和供給，沒有供給的商品是沒有意義的。比如說「空中樓閣」，多少人幻想著住在裡面，但這是無法實現的，所以也就沒有價值可言，進而也就沒有什麼與之相應的價格。同樣，沒有需求的東西也是沒有價格的。因為根本沒有人願意花錢去買它。所以，商品的價格是由需求和供給兩方面共同決定的。雖然說水的需求是巨大的，並且是必需的。但是，由於水的供給也是巨大的，甚至可以說是無限量的。地球上水資源實在豐富，只要廠商有一定的技術和資金，就可以向市場提供水。這樣一來，較小的需求價格彈性和較大的供給價格彈性共同作用，使得水的市場價格十分低廉。

與此相反，鑽石是一種奢侈性消費，正是因為對人們來說可有可無，所以它的需求價格彈性很大。也就是說，人們對價格很敏感。價格稍微提高一點，人們就有可能放棄這種需求。由於鑽石在地球上的含量以及開採難度，鑽石的供給也是十分困難的。供給的價格彈性很小。這樣一來，很大的需求價格彈性和較小的供給價格彈性共同作用的結果，就是鑽石市場價相對地十分高昂。

與此相似，一個典型的例子就是「穀賤傷農」現象。本來說，農業豐收了，農民的收入應該會更高些，應該高興才對。可是，由於全體農業的豐收，造成糧食產量的增加，供給急劇上升，超過需求量。這樣一來，糧食的價格就會下降，農民的收入反而會減少。這是由於農業生產的週期性造成的。由於農產品的儲存、交通、保鮮等特殊問題，農產品一般都不能存放太長時間。這樣一來，在市場交易時，就給農民帶來天然的討價還價的劣勢。消費者會想「反正你一定要急著賣出去，否則就會壞掉，你對交易的要求比我更迫切」，所以消費者會利用這種心理，拼命地壓低價格。在供給量相對過剩的情況下，農民達成交易的要求就會更迫切，則價格就會被壓得更低。

類似的還有「倒牛奶」現象。澳洲一家乳製品加工企業，因為收購過多鮮奶，只好把來不及加工的二噸多鮮奶倒入下水道。似乎我們生產的牛奶已經到了「喝不完」的境界。但是資料顯示，全球乳製品的年人均消費量不到七公斤，每天平均消費量不足二十克。在乳製品的供需關係上看，就是按照近年來的高幅增長，在未來十年內，我們仍然是「貧奶世界」。這又應該做何解釋？只能說，這是牛奶生產的地區性、局部性、暫時性的過剩。

對於倒牛奶現象，許多人會問：為什麼他們不把牛奶分給那些喝不起牛奶的人們？

其實，他們把牛奶倒掉，有一定的經濟學道理。試想，如果他們把牛奶免費分給居民，有些人因為獲得牛奶，以後一段時間內，即使在以後牛奶供給相對平衡時，也許就不再買牛奶，無形中降低牛奶的需求。此外，如果他們現在免費地得到牛奶，下次呢？那些有「守株待兔」思想的人肯定會等著你的牛奶發生過剩，等著再次喝到「免費的牛奶」。

事實上，關於過剩的解釋，經濟學上有「絕對過剩」和「相對過剩」這兩個概念。絕對過剩是指，社會生產出來的東西，在讓所有需要它的人的需求都得到最大的滿足之後，還有所剩餘。相對過剩是指該種商品的過剩是相對於一定的時間和空間而言的，是相對於人們的購買能力的過剩。也就是說，社會的供給超過了具有購買能力的人的需求。與此同時，還存在許多買不起該種商品的人。我們說，絕對過剩是以社會生產力的極度發展為基礎的，是一種很難達到的境界。相對過剩則是時常出現的事情，無論是國外的許多已開發國家，還是在國內的一些地區，都存在相對過剩的現象，並且相對過剩的發生在一個行業內還具有一定的週期性。

這些事都跟錢有關

經濟學家告訴我們：牛奶的過剩，就屬於相對過剩。正如之前所說，相對過剩的商品，從廠商的長遠經濟利益來說，是不適合免費發送給那些沒有購買力的人群的。畢竟，經濟規律是「無情」的。

賭徒的口袋裡永遠沒錢

人的決策選擇不總是英明的。傳統經濟學包括賽局理論與資訊經濟學，傳統經濟學一直以「理性人」為前提假設，建構出很多精美的數學模型，搭建出公理化的理論體系。然而，這正好也是傳統經濟學對實際問題的分析結果偏差很大、經常失真的原因。

二〇〇二年諾貝爾獎獲得者心理學家卡尼曼獨闢蹊徑地從心理學角度研究經濟現象。**卡尼曼發現，人們在做決策時，往往不是去嚴格計算所獲得的真正收益，而是用比較容易與快速的評價方法去判斷優劣。**

讓我們來看這麼一個例子。假設美國正在為預防一種流行病的爆發做準備，預計這種病會使六百人死亡。現在有一個相同的方案採用不同的兩種描述方法竟然會有完全不同的效果。

第一種描述方法：現在有兩種方案，採用Ａ方案，可以救二百人；採用Ｂ方案，有三分之一的可能救六百人，三分之二的可能一個也救不活。實證結果是：人們不願冒風險，更願意選擇Ａ方案。

第二種描述的方法：有兩種方案，Ｃ方案會使四百人死亡，Ｄ方案有三分之一的可能性無人死亡，有三分之二的可能性六百人全部死亡。死亡是一種失去，因此人們更傾向於冒風險，選擇方案Ｄ。

事實上，兩種情況的結果是完全一樣的。救活二百人等於死亡四百人；三分之一可能救活六百人等於三分之一可能一個也沒有死亡。不同的表述方式改變的僅僅是參照點發生改變，一個是以死亡為方案評價標準，另一個是以存活作為參照點。

讓我們再來看一個塞勒曾提出的問題：假設你得了一種病，有一萬分之一的可能性會猝死，現在有一種藥吃了以後可以把死亡的可能性降到〇，你願意花多少錢來買這種藥？如果你身體很健康，突然有一家醫藥公司想找一些人測試他們新研製的一種藥品，這種藥服用後會使你有一萬分之一的可能性突然死亡，你要求醫藥公司花多少錢來補償你？

在經濟學實驗中，很多人會說願意出幾萬塊錢來買藥，但是即使醫藥公司花十幾萬塊錢，他們也不願意參加試藥實驗，其實就是損失規避心理在發揮作用。得病後治好病是一種相對不敏感的獲得，本身健康的情況下增加死亡的機率對人們來說卻是難以接受的損失。顯然，人們對損失要求的補償，要遠遠高於他們願意為治病所支付的錢。

透過以上這些例子，我們可以得到三個基本原則：其一，大多數人在面臨獲得時是風險規避的，也就是說是小心謹慎、不願冒風險的；其二，大多數人在面臨損失時是風險偏愛的，也就說在面對失去時會很不甘心，容易冒險；其三，人們對損失和獲得的敏感程度是不同的，損失時的痛苦感要遠遠超過獲得時的快樂的感覺。

同樣的道理，相同數額的錢在同一個消費者的心理上卻是不同的。同樣是一百元，是工作賺來的，還是彩券贏來的，或者路上撿來的，對於消費者來說，應該是一樣的。可是事實卻不然。一般來說，你會把辛辛苦苦賺來的錢存起來捨不得花，如果是一筆意外之財，可能很快就會花掉。

為什麼會這樣？

錢和錢是不一樣的。雖然同樣是一百元，但是在消費者的腦袋裡，分別為不同來路的錢建立了兩個不同的帳戶，賺來的錢和意外之財是不一樣的。**這就是芝加哥大學薩勒教授所提出的「心理帳戶」的概念**。比如說今天晚上你打算去聽一場音樂會。票價是二千元，在你馬上要出發的時候，你發現你把最近買的價值二千元的耳環弄丟了。你是否還會去聽這場音樂會？實驗顯示，大部分的回答者仍舊會去聽。可是如果情況變一下，假設你昨天花了二千元買了一張今天晚上的音樂會票子。在你馬上要出發的時候，突然發現你把票弄丟了。如果你想要聽音樂會，就必須再花二千元買張票，你是否還會去聽？結果卻是，大部分人回答說不去了。

可是仔細想一想，上面這兩個回答其實是自相矛盾的。不管丟掉的是耳環還是音樂會票，總之是丟失了價值二千元的東西，從損失的金錢上看沒有區別，沒有道理丟了耳環後仍舊去聽音樂會，而丟失了票之後就不去聽了。原因就在於，在人們的腦海中，把耳環和音樂會票歸到了不同的帳戶中，所以丟失了耳環不會影響音樂會所在帳戶的預算和支出，大部分人仍舊選擇去聽音樂會。但是丟了的音樂會票和後來需要再買的票都被歸入同一個帳戶，所以看起來就好像要花四千人元聽一場音樂會，人們當然覺得這樣不划算。

這種經濟上的心理現象也給精明的商家帶來商機，有些銀行推出幫助顧客制定理財計畫的服務。

比如一家企業的員工，主要收入由薪水——用銀行發放、獎金——現金發放構成，節假日和每季度還有獎金，偶爾玩個股票賺點外快，銀行的理財服務就會為他做以下劃分：把銀行中的薪水轉入零存整取帳戶作為固定儲蓄，獎金用於日常開銷，季度獎金購買保險，剩餘部分用於支付人情往來，外快則用來旅遊休閒。由於在事先把這些錢一一歸入不同的帳戶，一般就不會產生挪用的念頭。

這些事都跟錢有關

把不同的錢歸入不同的帳戶，這就是為什麼賭徒的口袋裡永遠沒錢的道理。輸了，當然沒有什麼好說的；贏了，反正是不勞而獲來得容易，誰願意存在銀行啊？

為什麼名牌電視賣得比較好？

一對夫婦要搬新家了，他們決定換一台新的電視，於是到了家電商場，結果一看，同樣四十吋液晶電視，價格相差很大，但是很多人買的不是價格便宜的，而是選擇價格高的名牌產品。這個現象讓這對夫婦很困惑，於是請教朋友。在他們的朋友中，有幾位是家電的內行。據他們講，電視產品品質相差不大，用的都是進口面板。

為什麼人們選擇價格高的？名牌產品給人信賴感。如果其他產品的品質不如名牌的，這種選擇無可厚非，而在產品品質相同的情況下，這種選擇顯然是不公平的。

仔細想想，這個狀況在不同的場合、不同的領域都可以見到。公立大學的一般畢業生和其他一般大學的頂尖學生比，其水準不一定高，但是在人才市場上，用人單位大多選擇前者。這種並非由產品品質而是由其他因素引起的排斥現象，被稱為經濟領域的歧視。

人們對電視產品的品質的認識，不是透過實踐得來的。電視不像日常低價易耗品那樣經常更換，購買一台電視通常要用上幾年甚至十幾年，因此人們無法累積感性經驗。居民的購買行為大多受廣告上公布的評比和調查結果影響，如哪種電視銷量最大，哪種電視評比第一，哪種電視壽命最長等。在人才市場上，由於各校的評分標準不同，公司企業很難根據各校提供的學習成績單對學生進行評估和比較，只能根據社會對畢業學校的認識和統計結果來選擇學生。大量統計資料顯示，公立大學畢業生平均素質比其他一般大學高，因此他們只有選擇公立大學的學生。當歧視扭曲了某些團體的工作努力和人力資本投資激勵的時候，它就特別地有害於經濟。歧視的損害效果首先表現在商品和勞務的供給者，他們花費同樣的成本，生產出同樣品質的產品，卻無法按同樣的價格賣出去，甚至根本賣不出去。歧視對購買者是否有利？得出的結論應該是否定的，因為購買者購買同樣品質的產品卻要花費更多的錢，最為可悲的是絕大多數購買者沒有認識到這一點，反而樂此不疲。商品的歧視，迫使被歧視的企業花費大量的精力和費用去做廣告，宣傳自己的產品，企業的成本大大增加。

這些事都跟錢有關

在這樣的情況下，雖然企業的品牌建立起來了，但它們的成本都追加到消費者身上，因此那些名牌彩電能賣得更高。一旦成為名牌，自然就有名牌的價格，也就有高昂的利潤。這就是經濟領域的歧視現象導致的名牌戰略背後的秘密。

馬屁股和現代鐵路

馬屁股和現代鐵路怎麼能聯繫在一起？既然「巴西的一隻蝴蝶搧一下翅膀，就可以引起德州的一場颶風」，為何馬屁股和現代鐵路不能聯繫在一起？

實際原因源於鐵路尺寸。我們知道，美國鐵路兩條鐵軌之間的標準軌距是四英尺八・五英寸。為何是這個標準？它源自英國鐵路標準，因為英國人是修建美國鐵路的指揮者。英國人又從哪裡得到這個標準？

英國的鐵路是從電車車軌標準中演化而來的。電車車軌為何採用這個標準？原來最先造電車的人以前是造馬車的，而他們是把馬車的輪寬標準直接搬用過來。

為何馬車要用這個標準，因為英國傳統路程上的車轍痕跡的寬度為四英尺八・五英寸。這個寬度又是誰制定的？是古羅馬軍隊的戰車。古羅馬軍隊為何以這個數字為輪距寬度？答案極為簡單：這是兩匹拉戰車的戰馬的屁股的寬度，這個寬度有利於戰車的馳騁。這是經濟學裡一個著名的現象：「鎖定現象」。「鎖定」是說一個團體、一個社會一旦選擇某種制度，就會對這個制度產生依賴，並且在一定時期出現制度自我強化現象。**鎖定的基本特徵是：制度自我強化。**

換句話說，制度在某一方向上不斷繁衍複製。對於企業而言，所選定的產業同樣具有此種「鎖定」的問題：一個可以不斷自我複製繁榮的產業，對於所進入的企業而言是幸運的；一個不斷自我複製衰敗的產業，對於此產業中的企業來說是一種痛苦。

精明的企業，都會選擇消費者持續鍾情的產品，更為精明的企業則會選擇「網路外部性的產業」。什麼叫網路外部性？按照經濟學家的說法就是，這個產品對於消費的價值隨著消費者數量的增加而增加。

如果只有你們家有一部電話，這部電話對你是沒有任何意義的；如果有足夠的人有電話，這部電話對你才有意義。

如果處於這個行業，你就有一個優越的條件：一旦消費者買了你的產品，就被你鎖定，如果他要轉移到其他的產業，成本會非常高，如微軟的作業系統軟體就具有這樣的優勢。我們知道，軟體是一個平台，一旦用了微軟的產品之後，實際上就被它鎖定。使用微軟的人越多，人們就越願意使用微軟的軟體。如果要轉到其他軟體會很困難。

這些事都跟錢有關

在這種網路外部性產業中，商家和企業可以獲得一種「贏家通吃」的局面：即一旦佔有市場，成為贏家，所有的市場都有可能被佔領。這就需要企業的技術創新和商家的手段，透過技術創新找到一個可以鎖定市場的產品或產業。

第3章

消費秘密——摸大魚

明星的廣告合約

眾所周知，代言廣告是明星收入的基石。拍廣告片的為什麼多數是那些有名的歌星和影星，而不是那些名不見經傳的小人物？為什麼明星推出的商品更容易得到大家的認同？

一個作家一旦出名，以前壓在箱子底的稿件不愁發表，所有著作不愁銷售，這又是為什麼？

為什麼知名人士的評價或權威機關的資料，會使人不自主地產生信任感？為什麼那些迷信權威的人，即使覺得沒有什麼值得借鑑之處或者有許多疑問，但只要是權威部門或權威人士的話就會全盤接受？

為什麼外表漂亮的人更受人歡迎，更容易獲得他人的青睞？

所有問題的答案，都可以用心理學上的「光環效應」解釋：當一個人在別人心目中有較好的形象時，他會被一種積極的光環所籠罩，進而被賦予其他良好的品格。

由於光環效應可以增加人們對未知事物認識的可信度和說服力，使得人們在認識事物方面達到「好者越好，差者越差」的效果。

當你對一個人產生好感時，他的身上會出現積極的、美妙的甚至是理想的光環。在這種光環的籠罩下，不僅對方外貌、心靈上的不足被忽略，甚至連他所使用過的東西、跟他要好的朋友，他的家人你都感覺很不錯。

俗話說：「情人眼中出西施」，也是這種光環效應的結果。這是我們生活中很普遍的一種特定的社會心理現象，其產生的前提是已經在心中把對方當成自己的熱戀情人。沉醉於愛河之中的男男女女，都執著於自己的戀愛對象，並對某一些美的方面特別專注、迷戀和欣賞。這種積極的主觀態度，會使這些美的方面在戀愛者心目中顯得特別突出，並因此產生光環效應，即由此而推及對方的其他方面，對對方的各方面都產生美的感覺，甚至會把對方的缺陷也當成優點去欣賞。

對於大部分人來說，最容易使人產生光環效應的兩個因素是外貌和權威。

一般說來，外貌的魅力是最容易導致光環效應的因素。即使在強調個人意識的今天，光環效應也不會因為人們追求個性化的行動而減弱，青少年追星族就是一個很典型的例子。很多青少年因為喜歡一個歌星，而極力地模仿這位歌星，從服裝和髮型到說話做事的方式，無一不是竭盡全力加以模仿。

因此，在名人的光環下，產生「注意力經濟」也是自然而然的。這使得那些明星們身價大增。那些嗅覺敏銳的經紀人，自然不會放過這個賺錢的機會，他們往往會有意識地包裝明星們，代表他們和有意做廣告的廠商談判。

在經紀人一整套嚴密的運籌帷幄之下，運動員的身價倍增。拳王泰森經過拳擊經紀人唐．金的策劃，一場比賽的出場費高達幾千萬美元；籃球飛人喬丹依靠經紀人一年的薪金達到三千萬美元。

雖然歌星和影星與廣告中的商品品質沒有太直接的關係，但是由於光環效應的作用，明星做過廣告的商品，很顯然會比那些小人物做廣告的商品更容易得到人們的認同。

其實，從心理學的角度來說，每個人都有無意識迎合光環效應的習慣。假如某位明星突然出現到你面前時，你會不自覺地找他簽名；當你和朋友談論成功人士時，你會自然提出某位名人做比較。大多數人則會迎合權威，用權威的觀點為自己佐證，而放棄自我的主張與觀點。

美國學者羅伯特・西奧迪尼在他的行銷學著作《影響力》一書中指出，人們通常會下意識地把一些正面的品格加到外表漂亮的人頭上，像聰明、善良、誠實、機智，雖然它們其實並無直接的聯繫。

美國心理學家凱利曾做過一個心理實驗：讓一位演講者在某大學兩個班級分別進行內容相同的演講。演講結束後，甲班學生與其親密攀談，而乙班學生對其則冷淡迴避。同一個人進行同樣的演講，為何效果會如此不同？原來演講前凱利曾對甲班學生說，演講者是如何熱情可親，而對乙班學生則說，演講者是如何不易接近。結果學生們戴著有色眼鏡去觀察演講者，演講者被罩上不同色彩的光環，學生們看到的都是他們期望看到的。

這些事都跟錢有關

在與別人交往的過程中，我們不總能實事求是地評價一個人，而往往根據已有的瞭解來推測他的其他方面。我們常常從對方所具有的某個特性而泛化到其他有關的一系列特性，從局部資訊形成一個完整的印象，根據最少量的情況對別人做出全面的評價。這也是商家找明星、名人做廣告，宣傳商品的原因所在。

打折裡面的「秘密」

如今，商品打折已經成為一種「商業風氣」，正在整個商業系統中迅速地蔓延開來。許多商店也把打折當作是招攬顧客的重要手段之一。無論你走在哪個大街小巷，你總會看到商店的門口貼著「大拍賣」、「跳樓價」、「大失血」等字樣。而且，商店裡還貼著「恕不講價」的牌子。老闆還在不停地搖頭嘆氣，一副「失血過多」的樣子。

商場裡，「買一送一」、「買二送一」等廣告也隨處可見。許多商場都把一週年、五週年、十週年店慶當作是「答謝新老客戶關愛」的最佳時刻。「全場商品一律五折」、「滿二百送一百」的口號也喊得響亮。而且，本來只有一天的「店慶」，被他一開就是幾個星期，一兩個月。就像一些小店，每天都喊著「最後一天大拍賣」一樣，也不知道哪天才是最後一天。

總之，整個的打折氣氛，讓人覺得自己是在一個充滿「便宜」的世界裡，似乎只要你稍稍打開你的口袋，就可以把無窮的便宜帶回家。

誰都知道，商家做生意都是為了賺錢。如果他真的「大失血」，而且是整天整月地失血，有哪個商家的體魄如此「健壯」啊？雖然，我們必須承認，確實有一些商店，由於路面拆遷、生意轉行、急需資金、商品換季、清理庫存等許多的原因而被迫降價求售。而且，許多商品打折後，價格確實比原來要低了。這種情況其實是很多的，這正是商家使用的「薄利多銷」促銷手段。尤其是那些「回報新老客戶」之類的「店慶」，這樣的目的更是明顯。但是，其中也有許多人，是假借打折之名，招攬顧客，賺取高額利潤。

讓我們來看看商家打折的秘密。

我們知道，一定數量的產品，不管你要生產一萬件，還是只生產一件，有些投資是必須做的。比如廠房建築物和機器設備。而且，這些投資在短期內是不能及時改變的。我們把這種短期內在數量上不能改變的投資成本稱為「不變成本」。另一些投入如勞動力，如果你想生產一萬件，就多用幾個工人，如果只想生產一件，就少用幾個工人。這些可以隨時改變數量的投資，稱為「可變成本」。**不變成本和可變成本之和就是生產商品所需要的總成本。**

如果把一段時間內生成出來的產品看作一個整體，把生產這些產品所耗費的成本（包括不變成本和可變成本）平均地分攤到每件產品上，我們就可以大致知道每件產品中包含多少的可變成本和不變成本，於是得到「平均可變成本」和「平均不變成本」的概念，兩者之和又可以稱為「平均總成本」。如果我們把廠家賣商品的價格看作是他從每件商品中獲得的收益，我們就可以透過比較價格和以上幾個方面的平均成本的大小關係，來判斷廠商願意生產商品的最高數量和願意出賣商品的最低價格。

一種情況是，商品價格比平均總成本還高，說明廠商從每件商品中都可以獲得一定的利潤，而且這個利潤是扣除了顯性成本和隱性成本後的超額利潤。由於生產是有利可圖的，而且在短期內他根本不能夠預計商品價格會發生變化。所以廠商還會繼續生產，擴大商品供給，以獲得更多的收益和利潤。但是，隨著商品供給的不斷擴大，商品價格會逐漸下降。

於是，第二種情況是，商品價格低於平均總成本，但還是高於平均可變成本（因為平均總成本大於平均可變成本，所以這種情況是存在的）。這個時候，廠商的銷售收入已經不能彌補所耗費的所有成本了。但是總收益除了補償工人薪水、自己的勞動投入等這些可變成本外，還有一部分剩餘來彌補不變的機器和廠房折舊成本。由於這些折舊成本是必然的，即使你不生產，它也會發生折舊。所以，對廠商來說，這個時候生產比不生產好。因為生產了，至少還有一部分收入來彌補機器的折舊損失。於是，他會繼續擴大生產。隨著商品供給的進一步擴大，商品價格也會繼續下降。

第三種情況是，商品價格低於商品生產中的可變成本。這個時候，商品的銷售收入連工人薪水都不夠了，更不用說彌補機器的折舊費用。所以，這個時候廠商就會停止生產。

透過以上的分析，我們可以清楚地看到，廠商出賣商品的最低價格是生產該商品的平均可變成本。這是他繼續生產的最低標準。如果價格低於這個底線，廠商就不會再生產。

再來看商場裡的商品。很容易理解，由於廠商到工廠進貨、討價還價的交易成本、運輸成本、商場店面租金、環境布置、員工薪水等許多方面，多付出了成本，於是肯定會把價格提高一定的程度。也就是說，商場裡的商品，出賣的最低價格應該比生產該商品需要的可變成本更高一些，只有這樣，商場才可以獲得收益。於是，我們也可以清楚地看到，商場出賣商品也是有一個底價。低於這個底價，他就會虧本。除非在之前說的路面拆遷、生意轉行、急需資金、商品換季、清理庫存等許多原因，否則他是不會做虧本買賣的。所以，所謂的「為了答謝新老客戶」而「大失血」的伎倆，是一定不可輕易相信的。

其實，正像之前所說的，由於各種特殊原因，商場被迫降價出售，商品價格往往比實際造價還低，消費者就會獲得比較實在的優惠。但是，即使是在一般緊急的情況下，這種情況也是很少見的。因為在平時，商品出賣的價格都比實際成本要低許多，而在比較緊急的時候要他把價格下調，調到可變成本以上一點點，從消費預期來說，就已經十分滿足。商品就很容易賣出去，而且會比原來銷售量更大，這才是最常見的打折現象。許多商場就是用這種手段吸引消費者，以獲得「薄利多銷」的效果。看起來他是在失血，但是雖然他在單件商品上的利潤少了，但是賣出去的商品數量增多了，所以只要打折程度合理，他完全可以在打折的情況下，獲得比原來還多的銷售收入。

這些事都跟錢有關

面對瘋狂的打折潮流，每個人都應該清醒地對待，不要因為貪小便宜而吃了大虧。

「與眾不同」的廣告

一般商品的廣告宣傳，都是大張旗鼓地宣稱自己的商品如何好，有什麼樣的優點，特別是藥品廣告，什麼「包治百病」，什麼引發全球醫學界的「革命」，還有什麼「奇蹟」，說得神乎其神，甚至快要說成神藥。這種廣告很難打動人和說服人，正所謂「物極必反」，說得太玄了，反而沒有人相信。有時候，企業也會站在消費者的角度想一想，看看消費者是怎樣的想法，來一個逆向思維，然後在行銷中與別人背道而馳，往往可以取得意想不到的收穫。

有某家日用百貨商店，庫房裡積壓了大量的洗衣粉。經理很煩惱，宣布降價二〇%處理。一個月過去了，仍然無人問津。後來經理想出了一條妙計，在店門貼出一條廣告「本店出售洗衣粉，每人僅限一袋，兩袋以上加價一〇%」。行人看了廣告後都既驚奇又驚慌，紛紛猜疑：「為什麼每人只可以買一袋？」「是不是洗衣粉又要漲價了？」「為什麼多買要加價？」在這種驚慌、猜疑心理的支配下，人們開始搶購，有的不惜排幾次隊，有的還動員家人和朋友來排隊，甚至還有的寧肯多付五%的錢，也要多買幾袋。一時之間，洗衣粉變成暢銷貨，沒過幾天，這家百貨店的洗衣粉就銷售一空。

有時候，企業的管理者或行銷人員為了賣出商品，讓自己的企業「與眾不同」，讓消費者更容易產生信任感，也會運用逆向思維，站在消費者的角度考慮問題。以上這個例子其實有一部分是利用人的好奇心理，但主要的還是經理運用逆向思維，站在消費者的角度，瞭解怎麼做才可以吸引消費者的注意，並且購買產品。

巧妙地利用人的心理可以讓自己的產品更暢銷，也可以讓一個企業從困境中走出。但是有時候我們運用心理行銷，也要有限度，有些方法只能在特定的情況下，或是企業面臨困境時才可使用，不能用得太多，用得太多了也會失去作用。

這些事都跟錢有關

一個計策運用成功與否，重點在於對主、客觀因素要有充分、正確的認識。有時候我們利用逆向思維，背道而馳，不是完全背離事物的客觀規律。對某一方面的常規的違反，正是以對另一方面規律的遵循作為補充，完全違背事物發展規律的應變，是會碰釘子的。

顧客就是上帝

沃爾瑪曾經連續四年蟬聯世界第一。是什麼造就沃爾瑪如此傲人的業績？其中一個原因是：把顧客當作上帝，取悅顧客。

「顧客滿意，是保證我們未來成功與成長的最好投資。」是沃爾瑪公司的基本經營理念。沃爾瑪不斷地給雇員灌輸和強化這種理念並督促員工滿足顧客需要。例如，在公司的某些儀式上，公司要求員工必須宣誓：「我保證今後對每位來到我面前的顧客微笑，用眼睛向他們致意，並問候他們。」為了更好地服務顧客，公司創建了著名的「一公尺規則」：即無論在什麼時候，當客戶與員工的距離在一公尺之內時，員工必須注視著客戶的眼睛，問他是否需要你的幫助。與「一公尺規則」相並行的還有「太陽下山規則」即「當天的事情在太陽下山之前必須做完」是每個店員必須達到的標準，不管是鄉下的連鎖店，還是鬧市區的連鎖店，只要顧客提出要求，店員就必須在當天滿足顧客的要求。

在實際的執行中，沃爾瑪為顧客提供「無條件退款保證」和「高品質服務」的擔保。無條件退款，表示任何商品無任何理由甚至沒有收據都可以退貨；高品質服務表示顧客永遠是對的，每週對顧客期望和反映的調查，提醒管理人員隨時對經營中存在的問題保持警惕，並採取措施加以更正。特別是在沃爾瑪與顧客、供應商的三角關係上，儘管沃爾瑪對供應商討價還價、錙銖必較，但對顧客卻表現的格外的「大方」。無論公司以多麼低的價格購進商品，沃爾瑪堅持加價率不超過三〇％，即使比競爭對手同樣商品的價格低得多，也要堅持將此利益讓給顧客，據英國《經濟學人》雜誌估計，沃爾瑪的低價經營模式，每年可以為它在全世界的一・四億顧客節省一百二十億美元。

這些事都跟錢有關

良好的服務態度，溫馨的購物環境，完善的售後服務，使沃爾瑪牢牢地抓住了自己的顧客，最終成為商品零售業的「第一帝國」。這是沃爾瑪成功的秘訣：全心全意為顧客著想，為顧客服務。這樣不僅能贏得顧客的心，而且可以擴大企業的經營範圍，增加企業的經營專案，也是精明的商家眼光之所在。

房地產中的行為經濟學

同樣一份菜餚，在高級餐廳和相距不過百公尺的一間小吃店，如果價錢一樣，肯定沒有一個人願意去那間小吃店享用；據統計全球新創業公司頭三年失敗率高達七五%～八〇%，但幾乎每個創業者都堅信自己創業一定能成功。對於假定人都是理性的「經濟人」的傳統經濟學無法解釋的這些現象，行為經濟學給出很好的解釋——受主觀與情感支配的人，最多只能說是「有限理性」。

房地產行銷面對的是一個個鮮活的消費者。購房對於許多人來說可能是關乎一生的重大消費，其引起的強烈心理變化，令行為經濟學對房地產行銷而言，變得越來越有意義。

漲價是目前中古屋交易中比較普遍的現象。本來談好五百萬成交的房子，銷售人員花了老大的勁，眼看著就要成交，賣主卻認為這個價格一定能再高，應該到六百二十萬，於是全盤推倒重來。這就是人的心理發生變化導致的——人們對於任何自己認為屬於現狀的東西都比那些被認為不屬於現狀的東西有更高評價——這就是行為經濟學上的現狀偏見現象。事實上，幾乎所有業主都會認為自己的房子能賣更高的價格，尤其在市場熱絡，買家較多時；開發商對自己開發的建案同樣抱有更高期望。為扭轉這種現狀偏見，我們必須重新確立參照價格——二手市場參照一手市場，待售房價參照周邊目標房價。

每個人一定都逛過街，但大家是否注意到，路線不一樣，我們的選擇就會完全不一樣。在香港，從旺角往銅鑼灣逛，到達銅鑼灣後你會覺得什麼都貴，可能最終什麼也不買；若從中環往銅鑼灣逛，到達銅鑼灣後你會覺得什麼都便宜，可能會買比較多的東西。於是我們看到，「聰明女人」總是拉著老公先上精品店。**這就是行為經濟學上的一個有趣的現象——錨定效應——人們總是把標準定位在時間上，先接觸到那件事情，無論它是否與決策有關，都看作自己決定的參照依據。**

一位經濟學家曾經講過一個故事：有一次，他去瑞士講課，瑞士給他的報酬還不錯，他很高興，講課之餘就在瑞士進行一次旅行，整個旅行非常愉快，實際上瑞士是全世界物價最貴的國家。第二次在英國講課，也有不錯的報酬，又去瑞士旅行一次，但是這次到哪裡都覺得貴，弄得特別不舒服。為什麼同是去瑞士旅行，花同樣的錢，前後兩次的感受完全不一樣？原因就在於第一次他把在瑞士賺的錢跟花的錢放在一個帳戶上；第二次不是，他把在其他地方賺的錢放在瑞士的帳戶上。

跟團的旅遊同樣如此。先付掉旅行所有的費用和先付一部分錢，然後每次門票費再另付，可能路線和費用都一樣，但舒服度是完全不同的。前一種是怎麼玩樂怎麼高興，因為錢已經付了；後一種情緒變化會比較大，因為總是在掏錢。因此，我們千萬不要讓痛苦分階段，既然痛苦不可避免，就要讓痛苦一次解決，剩下的全都是好的。買房子也是這樣，合約書一定要清晰，將所有的成交流程、費用列清，我們千萬不要採取「先釣魚再上鉤」的策略，讓客戶一步一步地感受痛苦。

這些事都跟錢有關

消費在變，消費者在變，商家的行銷思維更要變。當通用的行銷手法限制銷售時，銷售行銷的細節操作將顯得更加重要。我們應該注意到，行為經濟學的基本規律和定律，對於我們研究房地產客戶、研究細節行銷，具有極大的價值。

第4章

消費原則——不當大魚

不要花冤枉錢

在同行業之間激烈的競爭中，吸引更多的顧客對企業來說是非常關鍵的。在企業從事經營活動中，總是盡量做到讓每位光顧自己的顧客「多掏錢」，也就是運用各種行銷手段和方法，讓顧客多消費，商家的收益就會增加五%～二五%。

如何做到讓顧客多消費？行銷學中，通常有兩種方法來達到這個目的，一種是「向上銷售」，另一種是「交叉銷售」。

向上銷售的本質是引導顧客再購買一些價格更高或是更有價值的商品或服務。可能大家在去飯店吃飯時，都遇到過這樣的情況：當你點完菜和飲料之後，服務員會問你「要不要來一個前菜，或是嘗嘗本店的特色菜什麼的」，其實這就是向上銷售的一種典型方式。

這裡的「前菜」和「特色菜」其實就是向上銷售的誘餌，誘使消費者增加購買量，進而實現擴大銷售的目的。其實，這種銷售方式不僅僅存在於飯店或速食店裡，在許多百貨公司上，也很常見。比如，你去某商場買電視，經售貨員的大力推薦，你可能還會再買一個數位收音機。在你購買化妝品時，本來你只想購買一個口紅，但是在售貨員的說服下你會再購買一套眼影。

交叉銷售則是根據顧客剛購買完的商品，從中發現顧客的潛在需求，然後在售貨員的大力推薦下購買多種相關的商品或服務，以滿足顧客的多方面需求的方法。比如，你去手機店買一部手機，可能在你買完手機後，售貨員會建議你買一個手機套或小裝飾品。大多數女士都會有這樣的購物經歷，本來去逛商場只是準備買一件外套的，但是售貨員小姐又向你推薦一款和你的外套非常匹配的手提包，最後你又經不住誘惑買了這個包包。實際上，這就是交叉銷售。

這些事都跟錢有關

知道這兩種商家和企業進行銷售的手段和秘密，下次再選購商品時，面對服務小姐的熱情推薦，或許你會三思而後行，不掏冤枉錢。

不要因為好奇而購買產品

可能有許多人愛看電視劇，每一回都是演到最關鍵、最吸引人之處時，突然跳廣告，還有比如說一種商品剛面世，它的外形設計很巧妙，顏色也很鮮豔，消費者從來沒見過這種東西，於是，很想知道這是什麼東西，幹什麼用的，怎麼用，強烈的好奇心便叫他們停下來，詳細詢問產品的有關情況，然後耐心地聽推銷人員的介紹。

美國的皇冠牌香菸進軍西歐，但其香菸大軍卻在某海濱城市，遭遇眾多其他品牌香菸大軍的頑強抵抗。無論香菸公司使出何等計謀，卻總也拿不下這座城市，無法打敗其他品牌的香菸，無法獲得市場的認可。有一天，皇冠公司的一個推銷員，看到海濱浴場有許多禁止吸菸的看板，受其啟發，他想出了一條妙計：在各旅遊景點和公眾場所到處張貼廣告：「吸菸有害，此地禁止吸各種香菸，『皇冠』也不例外。」這則無任何誇耀之詞，無一句特點說明的簡單廣告，卻引起了不少人的好奇。為什麼特別指出皇冠牌香菸？難道皇冠牌香菸與其他品牌的香菸不一樣嗎？或是比較名貴？強烈的好奇心驅使「菸槍」們紛紛購買皇冠菸嘗一嘗。結果，皇冠牌香菸在當地一炮打響，成為空前的暢銷品。

每個人都有好奇心，只是有些人好奇心特別強，有些人好奇心很弱，但有時候某些言行可以激發人的好奇心，讓好奇心強的人更加好奇，讓好奇心弱的人增強好奇。**企業往往會利用人的好奇心，透過引起人們的注意來打開銷路、銷售產品。**企業利用這種方法銷售出的產品與同類產品其實是一樣的，甚至價格可能更高一些。

這些事都跟錢有關

消費者在購買商品時，一定不要因為對某種商品好奇而去購買，要多跑幾家商店，貨比三家後再決定購買，這樣往往可以買到最適合自己的產品。

價格裡面的「秘密」

中國人有一句老話：「吃不窮、穿不窮，不會算計一世窮。」不論你能夠賺多少錢，如果你能用一元買二元的東西，你的錢就會憑空多出了一倍。

但是，這種好事真的能落到我們頭上嗎？是的，我們之所以以前不明白這回事，是因為我們不明白價格裡面的「秘密」。

讓我們來看看某超市因為購進不合格豆製品引起消費者控訴。有一家豆製品公司為降低成本，增加盈利，從小販手裡購進不合格的豆製品，搭配著自己的產品送入某大型超市，結果消費者拉肚子，一查才知道真相。以豆皮為例，食品公司從小販手中以每斤十元購得，按每斤十五元賣給超市，超市再以每斤二十元賣給消費者，價格上漲了一〇〇％！

這就是商品價格裡面的「葫蘆」！豆皮這個商品從小商人手中上漲五〇%到達食品公司手中，又上漲五〇%到達消費者手中，消費者花二十元購得僅是值十元的商品，消費者何以必須付出這樣大的代價，加上產品品質的不合格帶來的身體和精神損害，代價更大。

這種事情為什麼會頻頻發生？說到底，還是「資訊不對稱」惹的禍。

我們知道，價格壟斷是以資訊壟斷為前提的，假若消費者知道豆製品的資訊，一定不會買這種商品。資訊不對稱的直接後果就是導致較高交易費用的產生。美國經濟學家羅伯特・庫特納在他的作品裡痛陳了價格壟斷的弊端，他列舉了許多例子：如美國商品在倫敦的售價是紐約的兩倍；買同樣的音響、洗衣機或洗碗機，英國的消費者花的英鎊比美國消費者付出的美元要多——為什麼一輛福特牌轎車在美國一萬美元即可買下，在英國要花二萬美元才可以到手？羅伯特・庫特納說，過高消費稅、裝運費和關稅較高，只能解釋這種差異的一小部分。導致價格懸殊的最主要原因是長久以來的價格壟斷。正是這種壟斷使英國消費者的實際生活今不如昔。

商品的價格為何一再抬高？其中蘊含什麼不可告人的秘密？

我們知道，消費者要獲得一件商品，需要透過許多的管道，這些管道就是商品的流通管道，商品的流通管道，一般情況下是：產品的生產商—經銷商（總代理商）—批發商（一級或多級）—零售商—無數分散的消費者個人。在流通管道中，生產商是產生商品使用價值的供給者。商品價值的形成，除了生產商之外，還有許多的中間商，再產生商品價值的形成，其中一件產品的廠價和零售價是相差很大的，成為一種自由市場經濟中的商業慣例。無數分散的消費者個人由於各種原因，無法直接與生產商建立相互往來的關係，無法從廠家購買商品，反過來也是一樣，生產商也無法與無數分散的消費者個人建立相互往來的關係，產品不能與用戶直接結合。

因此，由於各種各樣的原因，造成生產商與消費者雙方之間關係的被阻隔，一件商品的售價，從廠家到消費者手中，價格上升了許多，有的甚至是以倍數增長，消費者購買到的商品都是物超所值，消費者多數的勞動成果（金錢）沒有付給產品本身，而是付給管道中各個層次的商人們。

可是消費者的選擇和購買不是為了經銷商，而是為了選擇生產商。商人沒有創造價值，他們只是掌握了資訊的一端，實際上正是因為資訊的壟斷，才賦予商人向消費者獲取利潤的權利，商人獲得的是一種資訊租金。

消費者在供大於求的市場條件下，仍然不能克服資訊弱勢所帶來的價格欺詐。不僅消費者由於資訊不對稱經常蒙受損失，生產商在對消費者資訊的把握上，也同樣存在不對稱資訊的弱勢，使真正的需求得不到相應的滿足，而真正能提供滿足的商品無法達到真正的需求者手中。

這些事都跟錢有關

經濟學家告訴消費者：識破了資訊不對稱的秘密，在購物消費過程中消費者要盡量瞭解市場的資訊與商品的資訊，透過分析、比較、核算估計出某一類商品的價格成本，再憑自己討價還價的功夫，一定可以用一元，或者更少的錢買到二元的東西。

眼睛看到的，不一定是真的

如果有兩個披薩，他們的配料和口味等其他方面完全相同，只是一個比另一個更大一點，你是不是願意為大的披薩支付更多的錢？

答案似乎是肯定的。人應該都是理性的，對於好的東西和壞的東西，人們總是願意為好的東西支付更多的錢。可是，在現實生活中，人的決策卻不總是如此英明。

來看一個著名的冰淇淋實驗。現在有兩杯哈根達斯冰淇淋，一杯冰淇淋A有七盎司，裝在五盎司的杯子裡面，看起來快要溢出來了；另一杯冰淇淋B是八盎司，但是裝在了十盎司的杯子裡，所以看起來還沒裝滿。你願意為哪一份冰淇淋付更多的錢？

如果人們喜歡冰淇淋，八盎司的冰淇淋比七盎司多，如果人們喜歡杯子，十盎司的杯子也比五盎司大。可是實驗結果顯示，在分別判斷的情況下，人們反而願意為分量少的冰淇淋付更多的錢。

這契合了卡尼曼等心理學家所描述的：人的理性是有限的。人們在做決策時，不是去計算一個物品的真正價值，而是用某種比較容易評價的線索來判斷。比如在冰淇淋實驗中，人們其實是根據冰淇淋到底滿不滿，來決定給不同的冰淇淋支付多少錢的。實際上豈止哈根達斯。這類現象比比皆是。就拿小販的冰淇淋來說，整個螺旋形的冰淇淋高高地堆在蛋筒之外，雖然三口兩口就吃完了，但看起來就是感覺很多、很超值。還有炸薯條，大家都說買小包的最划算，其實又沒誰一根根數過，不過是小包的盒子小，看起來裝得滿滿的罷了。**人們總是非常相信自己的眼睛，實際上目測最靠不住，聰明的商家善於利用人們的這種心理，製造「看起來很美」的效果。**

再來看一個餐具實驗。現在有一家傢俱店正在清倉大拍賣，你看到一套餐具，有八個菜碟、八個湯碗和八個點心碟，共二十四件，每件都是完好無損的，你願意支付多少錢買這套餐具？如果你看到另一套餐具有四十件，其中二十四件和剛提到的完全相同，而且完好無損，這套餐具中還有八個杯子和八個茶托，其中二個杯子和七個茶托已經破損了。你又願意為這套餐具付多少錢？結果顯示，在只知道其中一套餐具的情況下，人們願意為第一套餐具支付三十三美元，卻只願意為第二套餐具支付二十四美元。

雖然第二套餐具比第一套多出了六個好的杯子和一個好的茶托，人們願意支付的錢反而少了。因為到底二十四件和三十一件算是多，還是少，如果不互相比較是很難引起注意的，但是整套餐具到底完好無缺還是已經破損，卻是很容易判斷的。瞧，人們還是依據比較容易判斷的線索做出判斷，儘管這樣不划算。

這是「完整性」概念，一套餐具件數再多，破了幾個也得歸入瑕疵品，人們要求它廉價是理所當然的，寧為玉碎，不為瓦全。不過，商家也可以善加利用人們認為瑕疵品必廉價的心理，比如一套好好的傢俱，五斗櫥上蹭破塊漆、掉了個原裝把手，只能作為處理品賣了，有的商家腦筋一轉，把價格抬高一倍，再打個大大的叉，下面寫上對折處理，實際上還是原來的價，結果反而一下子賣出去了。暫且不論是否有欺詐的嫌疑，但完整性概念還是有好的應用。在為人處世上也用得到，常言道「多做多錯，少做少錯，不做不錯」，就是說一個人做好了二十件事，只要有兩三件做錯了，另一個人只做了十件事，但都做好了，別人對第二個人的評價往往比對第一個人高。

其實，大到聯合國的公共決策都可能發生這種偏差。比如說太平洋上有小島遭受颱風襲擊，聯合國決定到底給這個小島支援多少錢。假設這個小島上有一千戶居民，九〇%的居民房屋都被颱風摧毀了。如果你是聯合國的官員，你以為聯合國應該支援多少錢？但假如這個島上有一萬八千戶居民，其中有一〇%的居民房屋被摧毀了（你不知道前面一種情況），你又認為聯合國應該支援多少錢？從客觀的角度來說，後面一種情況下的損失顯然更大。可是實驗的結果顯示，人們覺得在前面一種情況下，聯合國需要支援一千五百萬美元，但是在後面一種情況下，人們覺得聯合國只需要支援一千萬美元。據說，這個實驗從一般的市民到政府官員，屢試不爽。

這些事都跟錢有關

在銷售商品的過程中，商家往往利用這種人們心裡偏差所做的選擇來出售商品，獲得更大的利潤空間。今後買冰淇淋的時候可要自己算算帳，別再讓自己犯那種「看起來很美」的錯誤。

怎樣留學最划算？

經濟學家有一種說法是「稀缺性」，是指資源相對於人類無限欲望的有限性而言的。**稀缺性是人類社會面臨的永恆問題，同時正是因為人類的欲望是無止境的，所以才會產生社會進步。**

對於一個國家，窮國政府會考慮是把有限財政收入用於基礎設施建設或者教育，而富國政府會考慮是用於國防還是社會福利；對於個人，窮人為一日三餐發愁，而富人可能在考慮是看賽馬還是打高爾夫。

同樣的，對於準備留學（已經留學的也一定曾經考慮過）的人來說，一定會考慮是將個人收入（包括薪水或者家庭資助）用於留學進修或是在國內尋求其他發展。這些都是稀缺性不同的表現形式。

稀缺性決定社會和個人必須做出選擇。欲望有輕重緩急之分，同一種資源又可以滿足不同的欲望。選擇是用有限的資源去滿足什麼欲望的決策。所以在考慮留學的時候，留學的欲望是不是最重要最急，這是做出留學選擇的最前提條件，如果除掉留學還有其他許多的選擇，這個時候千萬不要盲目地做出決定，否則出國後將會產生後悔的感覺。

因而，在選擇留學的時候，我們可以先考慮兩個問題：

第一，是否可以留學？第二，是否應該留學？

對於第一個問題，我們採用經濟學裡的實證方法，因為是否可以留學涉及到留學國家的費用價格，消費者（留學生）的收入水準（經濟負擔能力），留學生需求量（留學國家的簽證名額）等因素之間的關係，這種關係是客觀存在的。因而只需要客觀的研究這些現象本身的內在規律，就可以做出是否可以留學的判斷。

對於第二個問題，我們採用規範方法。是否應該留學？簡單來說就是留學是一件好事還是壞事？不同的人看法不同，得出的結論也會完全不同。在考慮這個問題的時候，可以根據一些媒體的客觀報導，或者參考先去留學的前輩的經驗做出一些判斷，當然媒體會存在誤導性，最主要還是自己的主觀分析，多問多看，綜合比較會有好處。

在這些前提想法成熟之後，我們就可以用經濟學的思維方式來考慮自己的留學選擇是否正確。

機會成本，也就是因為留學而放棄的東西。如果因為留學而放棄的工作或工作機會，可以買的房子，可以做的生意，甚至於自己的愛情婚姻在留學過程結束後無法彌補，我們說考慮留學的機會成本時，留學不值得；相反的，如果因為留學，找到更好的工作，更好的生意，我們說留學值得。當然留學之後的前景是不可預見的，這種留學的機會成本只能夠靠自己的主觀判斷。

邊際分析法。用這種方法可以幫助我們選擇留學的國家，留學的區域，留學的科目。所謂邊際分析法是把從事一項活動（例如留學英國）所增加的成本稱為邊際成本，把從這項活動中得到的好處稱為邊際收益。如果邊際收益大於邊際成本，就可以從事這項活動。

例如，留學英國的邊際成本遠遠大於留學德國，但是英國打工機會多，薪水高，學英語將來回國機會多，將這些邊際收益計算起來，留學英國不一定就不好。

再比如，留學商科的成本要便宜過理工科，但是理工科畢業後找工作容易，相比之下，薪水也會高，市場對需要新技術理工科的畢業生需求也大，這些都是留學理工科的邊際收益。

這些事都跟錢有關

留學的前提條件是有閒餘資本，留學者本人或其家庭有適量的閒餘資金。此外留學市場千變萬化，風險不可預測，做出理性分析，只可以適當減低風險，而不能消滅風險。

高手比武的最佳方式

一位武林豪傑在交通要道邊開了一個酒館。生意十分興隆，引起另一位武林高手的垂涎。這位武林高手決定打敗那位豪傑然後霸佔酒館。兩強相遇，武林豪傑和武林高手相互之間不知對方底細，於是來一番比試。

本來，他們倆可以利用打鬥來解決問題，但打鬥一場雙方都會有所損傷，不如透過其他方式比較武功高低。豪傑拿來十塊磚交疊放置，一掌將其擊碎，高手也不示弱，照樣擊碎十塊磚。

於是，豪傑又拿來十五塊磚，同樣是一掌擊得粉碎，高手見之，心中沒有把握，明白自己武功較豪傑還差一截。於是，這位武林高手甘拜下風，放棄原來的計畫，棄劍而去。

這個電視劇中的情節，就是一個典型的「信號傳遞賽局」。**所謂「信號傳遞」，用學究式的話來說，就是「高品質」代理人利用資訊優勢，向委託人傳播自己的私人資訊。**

我們已經知道，資訊不對稱是導致逆向選擇的根源。要減少逆向選擇，就必須解決資訊不對稱問題。

在這個故事中，豪傑身懷絕技、天下無敵。但是其他人不一定會相信他是武林第一高手，除非親自與之交手並且敗於他。交戰雖然可以決出高下，但對雙方都會有損失，打個頭破血流對誰都不是好事。當然，豪傑可以對外宣布他的武功非凡，其他人不是他的對手，但即使豪傑沒有什麼本事，也可以如此對外宣布。所以，僅憑口頭宣布是難以令人信服的。

豪傑運用過人武功劈掉別人難以模仿的十五塊磚，就向別人發出一個信號。這個信號向外傳遞的資訊是：我的武功高強，你們可不是對手。這樣，不用打鬥就決出高下，避免打鬥帶來的更大損失。在生物學中也有同樣的道理。雄鳥通常有鮮豔厚實的羽毛，並且以此來吸引雌鳥。很多人誤認為，雌鳥在尋找基因優良的雄鳥，這樣他們的後代才可以有優良的基因吸引異性。

但是，為什麼大而厚實的羽毛可以代表基因優良？人們也可以認為那是缺陷，因為太醒目的羽毛更容易被獵人發現，而且行動也不方便，很容易被抓獲，為什麼雌鳥要選擇有缺陷的雄鳥？

答案還是可置信的信號傳遞條件。儘管厚重的羽毛是一個缺陷，但是只有強健敏捷的鳥才可以承受，越弱的鳥越不能負擔厚重的羽毛，所以厚重的羽毛確實傳遞雄鳥體質的可靠信號。

在日常生活中，這樣的例子就更多了。當人們進行交易時，產品的品質好壞對於商家與消費者來說，瞭解的程度完全不同。在多數情況下，消費者在購買產品時不能瞭解到每種產品的具體品質，真正瞭解產品品質的是商家。不同的商家提供的產品品質不同。那些出售劣質品的商家，為了自己的利益將產品的品質資訊隱藏起來。對於消費者來說，如果他們無法區分產品品質的優劣，就只能根據對整個市場的估計支付價格，即根據平均品質支付價格。

品質不同的產品被消費者以同樣的方式對待時，劣質品在成本上具有優勢，進而有可能在銷售上佔據優勢。優質品則因其機會成本超過市場價格，進而可能退出市場。

但是，優質品的提供者不會甘心被劣質品逐出市場，為了使自己的產品與劣質品區分開來，他們會選擇適當的信號，向消費者傳遞自己的產品是優質品的資訊，以改善資訊不對稱的狀況，減少逆向選擇的不利影響。

廠家可以提供品質保證和承諾，這是一種常見的低成本、短期效果明顯的方法，真正的優質品因為品質原因退換的機率非常小，保固期內的回修率非常低。因此，從整體上不會增加多少成本。劣質品的賣者，肯定無法提供這種保證和承諾，因為這對於他們來說成本太高了。名牌效應也是一種常見方法，這種方法投入成本較高，但是有十分豐厚的長期回報，其品牌本身傳遞產品是優質品的資訊。因為在消費者心目中，名牌代表優質。

儘管不是每件名牌產品都是優質品，但是消費者在其他產品找到優質品的成本通常很高。因此，希望購買優質品的消費者，通常會優先考慮選擇名牌產品，或是自己熟悉的品牌。

廣告也是一種信號傳遞的手段，可以有效地減少資訊不對稱。商家或廠家可以透過大量地投入各種廣告，獲得較高的宣傳效用。這樣，消費者幾乎無需多少成本，就可以從廣告中獲得各種所需的產品品質資訊。

我們還可以看到，在生活中有這樣的廣告。很多電視廣告既無商品定價又無購買地點，只有影視明星的搔首弄姿的表演。這種廣告往往是除了顯示一下商標以外，完全沒有對產品性能的說明。這種廣告是否也有降低資訊不對稱的效果，廠家投入的資金是否是做無用之功？

答案是：這種廣告當然有很好的作用。

我們假設有一家企業A開發出一種很有市場潛力的飲料，該產品飲後對人的健康確實有好處。但是同時，另一家生產假冒偽劣產品的企業B，也準備向市場推出一種偽劣飲料產品。

兩個企業都會向公眾宣布其產品品質保證、絕對上乘。但公眾是理性的，不會僅憑商業宣傳就相信它們。但是，如果產品真的好，隨著時間的推移，消費者能夠識別出來。

所以，生產好飲料的企業A對自己的市場有信心，它相信隨著時間的推移，企業B生產的偽劣產品終究會被消費者識破，顧客會跑到自己這裡來，進而自己的市場會不斷擴大，銷售收入及利潤會不斷增長，而企業B開始可以矇騙一部分消費者，但時間一長，產品的問題會暴露出來，市場會不斷縮小，收入及未來利潤都不會有企業A的大。

這樣一來，企業A的未來預期收入遠大於企業B。因此，如果企業A請一位當紅明星打廣告，由於是當紅明星，他們打廣告有很高的市場價格，就可以使企業B不敢模仿。譬如，假定企業A的預期收入為三千萬元，企業B的預期收入為一千萬元。當紅明星打廣告的市場價格為二千萬元，企業A可以請明星打廣告但企業B就請不起。

消費者也明白這個道理。他們在一開始就認為，請不起當紅明星打廣告的企業B是生產偽劣產品的。這樣，企業B一開始就沒有市場。當企業A請了當紅明星打廣告時，企業B發現這位明星的市場價格太高，自己難以模仿企業A，開始就會放棄生產偽劣產品的計畫。所以，企業A透過請當紅明星打廣告來清除潛在的市場模仿者。企業A不在乎明星在廣告節目中說了什麼，表演了什麼，當然更無所謂廣告節目是否介紹產品價格等資訊了。企業A請當紅明星打廣告，就已經在告訴公眾：它是生產優質產品的企業。

這種廣告的價值正是在於：當紅明星出場費高低，代表企業A的產品品質高低。

然而，不是所有產品都適用於做廣告。對於低品質產品，消費者最多只會購買一次，如果做廣告的成本高於產品一次銷售所得的利潤，這個時候低品質產品做廣告就不划算。可見，較高的廣告成本將遮罩掉一部分低品質產品。

如果廣告成本高於產品第一輪銷售所得的利潤，又低於多輪銷售所得的利潤，高品質產品做廣告將有利可圖。從這個角度說，高成本廣告中的產品應該是高品質產品。結果，廣告作為市場信號，傳遞高品質產品的資訊。

這些事都跟錢有關

在激烈的市場競爭的條件下，企業會採取各種各樣的方式，宣傳介紹自己的商品，宣傳商品的性能和功用。只要消費者在日常生活中留心這些資訊，在購買商品時就會有所選擇，買到最適合自己的商品，也不會買到假冒偽劣的產品。

第5章

投資理論——黃金與石頭

拿別人的錢，可以不用還

這是一個「很傻」的想法——能不能「拿」了別人的錢不還？股份制告訴你，可以！

股份制是現代自由市場經濟最精妙的組織形式，但是它的誕生卻源於一個聽起來「很傻」的想法。按照歷史發展順序來說，人們累積財富的方法最先想到的是依靠自有資本滾雪球發展，肥水不流外人田，什麼都想抓在自己家族手裡，這好像是很聰明的想法和做法，是最先被想到的。

但慢慢地人們就發現這種做法具有太多的局限性，因為人生短暫，機會轉瞬即逝，等到自有資本的累積達到機遇所需要的條件，機會早已不再，經常這樣白白錯失良機，令人痛心疾首。於是，有更聰明的人就想到了借雞生蛋，因為他發現機會不是同時降臨每個人的，當自己有了大規模生產經營機會的時候，很多人卻連小規模經營的機會都沒有，而且有些人根本不願意也不善於投資，把他們的錢借過來用，然後加上一定的利息還給他，互惠互利，雙方都有好處，對社會來說也有利於充分利用資源。這種做法的規範化操作就是現代銀行制度的誕生。至此，歷史向前邁進了一步。這一步的歷史前進源於更深入地替別人著想，進而發現了市場的空白點，結果最大的受益者還是自己，與當初那種一切都靠自己，都抓在自己手裡的想法相比，已經多了一些辯證的思維在裡面。

但是，借來的錢總是要還的，到期還本付息的壓力使得企業無法從容安排長期生產經營任務，痛快一陣子，辛苦一輩子，最後發現自己竟是在為銀行、為債權人做工。這個時候，他又不滿足，倒退回去，自己慢慢滾，那是不可能的，那種日子的苦頭更難過。於是，這個人又發奇思妙想，「傻想」開了：拿別人的錢來做自己的事是好，但到期要還本付息卻不那麼美妙，能不能「拿」了別人的錢不還？這是一個十足的「傻想」。

人是越來越聰明，難道想法卻越來越傻了？非也。這個人的聰明過人之處在於，他沒有因為周圍人們的譏諷而放棄這個「傻想」，他不認為這是「傻想」，他沒有到此止步，而是認真地對待了這個「傻想」，進行深入的分析思考，而這個分析思考的方法則是更進一步的辯證法。他不是想著怎樣去偷去盜，如何掩耳盜鈴不被人發覺，不是的。他去分析別人的需求、人們的心理，先為他人著想。他想，人們的心理是複雜的，人的欲望是無止境的，有人滿足於銀行利息，有人卻不滿足於那種固定的回報，嫌銀行利息太少了，有當老闆的願望，想賺更多的錢，也願意冒更大的風險。「讓他們當老闆」，這個「傻想」的人忽然茅塞頓開，想出了錦囊妙計。把他們的錢都拿過來，大家一起來做，賺了錢大家分，當然，萬一賠了，也就大家分擔，公平合理，卻不用給他們保證利息，又不用還，而我的錢最多，自然由我說了算，這也是合理的。這樣一來不就「拿」了別人的錢做自己的事，可以不用還了？妙，妙，實在是妙！

股份制就這樣誕生了。它是乍聽起來「很傻」的想法，卻運用了更大的智慧。

你我他大家都有份，根據出錢的多少決定份額的大小，把總資本分成等額的基本單位，這個單位就被稱作「股」，就像貨幣中的元一樣，一千元就是一千個以元為單位的基本單位，同樣，一千股就是一千個以股為單位的基本單位，通常以十元為一股的面值，投錢叫入股，入股的憑證叫股票。除非股份制企業破產倒閉清算，大家可以從破產企業剩餘資產中收回部分投資，否則投在股份制企業裡的錢永遠不可撤回。這就是股份制最基本的含義和名稱的來歷。

人的欲望真是無止境的，這個愛好「傻想」的人又不滿足：他嫌白「拿」不還的錢不夠多，想開闢更大的「拿」錢市場。他認為，這種最基本意義上的股份制，雖然克服了銀行制度和依靠自有資本滾雪球發展的弊端和局限性，可以「拿」了別人的錢不還，從容安排長期生產經營任務；但是他認為，人心是很難一致的，不想當老闆、不願意長線投資的大有人在，而且人活著總得提防個三長兩短什麼的，所以必須還要想出一種辦法把這些人的錢也能「拿」來不還，而讓他們則又能隨時拿回去，這好像是一對矛盾來著，這就是一對矛盾！但解決矛盾的方法也不是沒有的，什麼矛盾都是可以被解決的。他進一步分析開了：上面講到的那些人是想隨時抽回投資的，但是你們發現沒有？還有另一些人同時又想隨時投資入股的，因為企業在發展變化之中，人們對企業前景的看法因人而異，不看好的想打退堂鼓，看好的則想中途入股；另一方面，有些人這個時候急用錢，所以想抽回投資，另一些人卻正好這個時候有閒錢，又想投資。我的企業又不能一天到晚發股票，那樣會打亂我的資本營運計畫，如果我的企業可以這樣隨時讓投資者進進出出，豈不成銀行了？也有違我只想「拿」人家錢不還，安安心心地從容安排長期生產經營任務的初衷，這肯定是不能改變的。

於是，辦法有了：就讓他們自己交易買賣去！說不定還能從中賺個差價，小發一筆呢！證券市場就這樣誕生了：讓投資者憑股票在那裡互相交易買賣。

由此，股市的誕生是為了開闢更大的「拿」錢市場！

這些事都跟錢有關

從股票的實際交易中，人們嘗到投機炒作短期獲利的甜頭，許多人便樂此不疲，迎合他們喜歡賭博的心理，為了保持盡量公正，後來對證券市場逐步進行規範，發展成今天這種形式。證券市場的設立和規範使股份制也變得更加精妙，到今天，它竟然成為現代自由市場經濟最精妙的組織形式！這就是股份制和股票誕生的秘密。

哥倫布的航海契約

一四九二年，發生了什麼事？沒錯，哥倫布發現美洲大陸。

哥倫布的環球之行，來得可不容易啊！此前，他只是一個默默無名的水手，出身卑微，只有一個當航海家的豪情壯志，還有他有一種為世人所不齒的「白日夢」。當時，葡萄牙試圖繞過非洲去印度，但是哥倫布認為不必繞過非洲，只要一直向西航行，就可以到達印度。

為此，他從一四八四年開始就向葡萄牙國王提出這個建議，到一四九二年才被西班牙女王同意這個計畫付諸實施，哥倫布花了八年的時間來做「公關」。一四九二年八月，年已四十一歲的哥倫布終於獲得西班牙女王伊莉莎白的支持，帶領一百二十人分乘三隻小船離開西班牙，開始向西環球航行。

一四九二年十月十二日，經過三十多天的航行，他們終於登上北美巴哈馬群島中的聖薩爾瓦多島。此後，哥倫布又先後三次航行到美洲沿岸，進行實地考察。哥倫布成為西方第一個發現美洲新大陸的人。但他至死都一直把美洲誤認作印度，西印度群島的名稱就是由此而來。

今天，我們知道，哥倫布的航海掀開一個新時代，我們經常這麼說。可是哥倫布怎麼會有這麼大的動力？

其實，哥倫布可不是完全無私地做出這種「壯舉」的，八年的公關努力，在成功那一刻，哥倫布提出自己的「開價」，他和西班牙國王和王后訂立一個契約：

「國王與王后對哥倫布發現的新大陸擁有宗主權；哥倫布被封為貴族暨大西洋海軍元帥，被准許擔任未來所發現的島嶼和陸地的總督，而且這些頭銜都將世襲；新發現土地上產品的一〇%歸他所有；他也能參與新土地上所有的商業活動，投資和利潤佔總額的八分之一；他對前往新大陸經商的船隻可以徵收一〇％的稅，對自己運往西班牙的貨物實行免稅。」

這是一個改變世界面貌的契約。哥倫布的收穫，遠遠超過他此前「浪費」的八年時間成本及其他所有的成本，真可謂一本萬利！

這種探險行動絕不是免費的，而是有巨大的潛在收益的刺激。

同樣，一五一九年麥哲倫航海探險計畫開始實施時，西班牙國王也答應從新發現的領土中，撥出五％賞給麥哲倫，並允許他們參與未來的土地開發。因此，遠航探險不僅可以帶來榮譽，更可以致富。

這種基於利益之上的契約，使歐洲航海探險從一開始就注重每次新發現的資訊發布與記錄，他們每發現一塊新的陸地，一座新的島嶼，就給予命名，並且劃入本國的版圖。

但是反觀古代的鄭和下西洋，在西元一四〇五至一四三三年這段短暫的時間，鄭和所指揮的寶船船隊，七次英雄式的遠航，遍及了中國海與印度洋，從中國到波斯灣，並遠及中國人心目中的黃金國——非洲。當時世界的一半已經在中國的掌握之中，加上一支無敵的海軍，如果中國想要，另一半不難成為中國的勢力範圍。也就是說，在哥倫布之前的一百年，鄭和完全有可能取得與哥倫布一樣的成績。

但是，鄭和出行前可能與皇帝訂立合約嗎？非但不能，而且鄭和及其一切航海船隻均屬於皇帝私人所有，是一次政治性私人出巡。於是他不能發現新大陸，世界經濟史上有哥倫布，但沒有鄭和，儘管後者下西洋的規模可以稱得上亙古未有。鄭和下西洋給後人留下無與倫比的龐大敘事，但他們的子孫卻必須努力學習哥倫布的語言和技術。

在自由市場經濟時代，任何經濟行為的展開都必須符合經濟學的「成本—收益分析原則」。當然，貿易的利益，不僅僅局限於經濟維度，政治、軍事、文化等利益也是其中不可分割的一部分。

這些事都跟錢有關

經濟利益是任何其他利益的基礎和先導。只有巨大的預期收益，才會有驚人的投入，才會創造出驚天動地的壯舉。無論是個人還是國家，當你的行為具有利益的眼光，符合「邊際利益大於邊際成本」的經濟學原則之時，你的行為才會帶來源源不斷的財富，這樣的行為才是最符合經濟原則的行為。

婚姻的「四大收益」

春秋戰國時代，有一個女子要出嫁，母親告訴待嫁的女兒：「嫁到夫家以後，要拼命存私房錢，免得有什麼萬一，將來被休了，生活無所依靠！」女子嫁到夫家以後，真的遵循母親教誨，努力存私房錢，有一天，婆婆發現媳婦存了很多私房錢，責怪媳婦掘取夫家錢財，遂令兒子休了媳婦。媳婦卻沒有任何難過悲傷，回到娘家後，就告訴母親說：「娘說得對！還好我存了許多私房錢。」

「問世間情為何物，直教人生死相許！」雖然愛情讓那些身處其中的人覺得甜蜜與神聖，但是在經濟學家看來，這句話簡直是昏頭昏腦，什麼資訊也沒有。在他們看來，愛情與婚姻也像人類的其他行為一樣，主要目的不是瘋瘋癲癲、尋尋覓覓，更不是什麼「生死相許」，它帶給人的是實實在在的收益。

從某種意義上說，現代社會是追求效益盤算收益的社會，就拿徵婚廣告來說吧，只要我們稍稍留意一下，男人會炫耀其身分地位金錢來徵婚，而女人則以美麗溫柔體貼應對。身分地位金錢，說白了就是經濟實力，擺開了「買方市場」的架勢，美麗溫柔體貼看起來很「軟性」，其實這裡面也包含巨大的經濟「潛價值」。

美麗的女人永遠是稀缺資源，而稀缺資源本身就具有經濟價值。難怪專家們說，只要擁有金錢哪怕是醜陋的男人，找一個美麗的女人也易如反掌，反之，既醜又沒錢的男人，大體上只能找「糟糠」之妻了，這是沒辦法的事，或者說這就是婚姻經濟學的基本原理。

人們談情說愛，喜結連理，究竟圖的是哪門子收益？馬克思做過一番分析，認為愛情迷人的面紗後掩蓋的是「生育後代」的目的。其實在現代社會，生育完全可以不必透過婚姻來完成，弄個玻璃管子就行，花錢也不一定多，何必一定要借助於婚姻，繞那麼大一個彎！

有人從現代經濟學的角度分析了婚姻的「四大收益」，或許更為確切。婚姻的作用：

一是可透過勞動分工實現比較利益和遞增報酬，比如女主內男主外，或女主外男主內，比每個人既主內又主外，效率要高。

二是互相提供信用，協調人力資本投資的收益，比如一人工作供養另一人讀書，最後共用榮華富貴。

三是可分享家庭共有品，如與子女在一起的天倫之樂。此外還有彼此的知識和智慧，也是可分享的共有品。所以人們常發現，妻子教育程度上升，有助於提高丈夫薪水。

四是防災保險，如生病不至於無人照顧。若問在農村的人，女兒一般遠嫁外地，為的是什麼？一個合理的解釋是為了更有效地防範農業欠收的風險。婚姻有這麼多收益，可以解釋為什麼大部分的人都選擇「結婚」而不是「獨身」。

社會學教授得出這樣的結論：如果男方收入是女方的兩倍，性生活最滿意，婚姻最穩定，為什麼？教授進一步解釋道，夫妻婚姻生活能不能保持穩定，主要在於「交換」價值上能不能保持平等。從經濟學角度來看，婚姻生活就是「交換」，即雙方的付出和得到的

「交換」。如果有一方付出和得到極不平衡，心理很容易傾斜，久而久之，婚姻就會出現裂痕。

拿離婚來說，我們常常看到，總有一方認為自己付出了多少多少，結果什麼也沒得到，對方則是「狼心狗肺」，一點良心都沒有。女方說，我起早貪黑，為了孩子，操持家務，你多拿幾個「錢」，就夜不歸宿，拈花惹草；男方也許認為，我錢拿得比你多，偶爾開心一下，也沒什麼大驚小怪的，可以跟你扯平。實際上，這本身就是經濟學的一個命題。女方收入少，但是由於花在家庭的勞動多，這個部分勞動本身就是機會成本（至少不應低於保姆費），所以說是有經濟價值的，可以折算成金錢，男方之所以有些「傲氣」，正好是因為忽略女方這個部分經濟價值，因此「偶爾開心一下」不僅不覺得有愧，還有一點毫不在乎。

這些事都跟錢有關

在本質上，婚姻就是一種投資行為，值不值得投資，要首先分析收益。結婚是一個雙贏方案，因為出於自願，並且雙方受益。結婚的收益，更集中地表現在「規模效應」上——「兩個人單獨生活各自要一套廚具，兩個人結婚後只需要一套廚具，這就是規模效應」。至於誰結婚受益更大，應該是經濟不獨立的一方受益更大。

收益和成本的比較

一個牧師、一個心理學家、一個經濟學家，他們三人決定去打一場高爾夫球。他們不幸排在兩個很慢的人後面，這兩人不僅只有一個球童，幾乎花了所有的時間來擺布他們的擊球，並且打得很幼稚，如此往復。到第八洞，三個人開始大聲抱怨，要求兩個人動作快一點。後來，牧師說：「聖母瑪麗亞，我祈求他們在打下一桿之前得到報應。」心理學家說：「我不敢相信會有人慢慢的打高爾夫。」經濟學家卻說：「我真的不想花這麼多時間來打一場高爾夫球。」

到第九洞時，他們還在慢慢地打，於是心理學家走到球童面前要求自己先打過去。球童說「好」，但接著又解釋說，那兩個人是瞎子，是從消防隊退休下來的，他們都是在一場大火中為救人而變成瞎子的。所以，希望心理學家等三人不要太大聲抱怨。

牧師被感動了，他說：「我真是不該詛咒兩個瞎子。」心理學家也感動了，他說：「我受過良好教育要幫助他人，我不該因兩個瞎子打球慢而抱怨他們。」經濟學家躊躇了一下——最後他走到球童身後說：「下次可否安排他們在晚上來打球？」

這就是機會成本，它在消費裡的學問就更大了，可謂「總類多多」。例如：當你決定今晚帶朋友一起出去玩，有兩種選擇，要麼看電影，要麼去吃飯。電影票每張二百五十元，吃晚餐的費用大約為一千元，當然你可能會說，如果有錢，你想幹什麼就幹什麼。但是從經濟學的角度來看，在你選擇的時候，你已經將你可能獲得的收益和支付的成本進行比較。

看電影，你只需支出五百元作為你的成本，獲得的收益將是看電影帶來的享受；而吃晚餐將支出一千元，晚餐的成本支出將是看電影的成本的二倍，因此你必須期望吃晚餐所能獲得的收益將超過看電影的成本加倍，你才會理智地選擇吃晚餐。

日常生活中，我們無時無刻不在進行成本與收益的比較，讀書也罷，工作也罷，都取決於行為者對其從成本收益角度進行的自我評估。

既要善於選擇，還要學會放棄，這在經濟學中叫做機會成本。經濟學中把做出一個選擇或決策時所放棄的東西，稱為這個決策的機會成本，在凱斯和費爾合著的《經濟學原理》一書中對機會成本做出以下描述：「產生機會成本的原因在於，資源是稀缺的（有限的）。比如時間問題，一天只有二十四小時。我們必須在此約束下生活。看電影的機會成本是，如果你用同樣多的錢和時間所能夠做的其他事情的價值；大學教育的部分成本是你從事全日制工作所能得到的收入；假使你的鄰居今天要修剪他的草坪，他就沒時間帶孩子去動物園，而這正是修剪草坪的機會成本；比爾和科琳（書中假想的飛機失事中倖存的兩個駕駛員，他們落在了一個荒島上）會偶爾決定休息一下，躺在海灘上享受陽光，在某種意義上這個收益是免費的，他們不必為此支付貨幣。然而實際上，它具有機會成本，躺在陽光下表示花費時間，否則時間可以用來做其他事情。在制定日常決策中，考慮一下機會成本有時是有益的。」

假定一件事屬於非此即彼，二者擇一的選擇，而且兩種選擇幾乎有相同的吸引力，這種選擇是非常困難的。按照上述原則，對兩個選擇對象進行分析，如果其中一個有五一％的選擇理由，就應該毫不猶豫地選擇它，這就是所謂的五一％原則。

選擇一個，就表示放棄另一個，就表示失去四九％。有得必有失，魚和熊掌不可兼得，這個時候你必須承認這個事實，四九％已經變成零，不必再為它費心思，應該全力以赴地去籌劃，如何把五一％盡快轉化成一〇〇％。

我們在做出任何選擇時都必須花費機會成本，利用五一％原則也許可以使你獲得的價值至少不低於機會成本的價值。

這些事都跟錢有關

在實際生活中所碰到的事情往往是非常複雜或者說是「模糊」的，而且通常不可能用準確的數字來表示，所以這裡所說的五一％並非真的要計算出一個準確的數字，只是提供一個思考問題的方法。當你要做出一個決定時，透過判斷明確哪個方案「好一些」就可以毫不猶豫地做出選擇。透過這樣的思考方法的鍛鍊，可以使人們遇到問題時不會優柔寡斷、拖泥帶水，而逐漸養成簡潔明快、善於決斷的良好思維。

「一顆子彈」的效用

有選擇好，選擇越多越好，這幾乎成為人們生活中的常識。**但是由美國哥倫比亞大學、史丹佛大學共同進行的研究顯示：選項越多反而可能造成負面結果。**科學家們曾經做了一系列實驗，其中有一個讓一組被測試者在六種巧克力中選擇自己想買的，另一組被測試者在三十種巧克力中選擇。結果，後一組中有很多人感到所選的巧克力不太好吃，對自己的選擇有點後悔。

另一個實驗是一個以食品種類繁多聞名的超市進行的。工作人員在超市裡設置兩個試吃攤，一個有六種口味，另一個有二十四種口味。結果顯示有二十四種口味的攤位吸引的顧客較多，二百四十二位經過的客人中，六〇%會停下試吃；而二百六十個經過六種口味的攤位的客人中，停下試吃的只有四〇％。不過最終的結果卻是出乎意料：在有六種口味的攤位前停下的顧客三〇％都至少買了一瓶果醬，而在有二十四種口味攤位前的試吃者中只有三％的人購買東西。

太多的東西容易讓人游移不定，拿不定主意，太多的意見也會混淆視聽。

不要以為越多的人給出越多的意見就是好事，其實往往適得其反，由於每個人看問題的角度不同，給出意見的動機也不盡相同，所以太注重聽取別人的意見很容易讓自己拿不定主意。在徵求意見之前，我們必須要有一個屬於自己的堅定的信念，明確最終的目的是什麼，這樣才可以在眾多的聲音中保持清醒的頭腦，找出最適合企業發展的金玉良言。

在現代的戰鬥中，子彈也許是最普通、最原始、最常見、最廉價的武器。在一場戰鬥中，如果其中一方能夠在適當的時間、適當的地點、用適當的人在適當的位置射出一枚適當威力的子彈，這一方就可以不費一兵一卒奪取戰爭的勝利，這就是所謂的一顆子彈原則。當然，在真正的戰場上，這樣的情況僅僅是理想中的狀態，然而在現實的市場競爭中，能夠真正挖掘企業自身核心競爭力的企業，就往往能夠把握住這具有無限價值的「一顆子彈」，並且在激烈的市場競爭中佔領先機。

但是，為什麼在特定的條件下，僅僅一顆廉價的子彈，就可以使整個戰鬥發生轉折？

其實，從這小小的子彈身上，我們可以得到一些啟發。

核心競爭力，實際上就是一個企業在市場中與其他企業競爭的有力武器，什麼樣的武器才算是真正有威力？答案是：專注。

核心競爭力之所以被稱作是核心競爭力，其最大的特點就是別人所做不到，在這個領域中，自身企業可以做得比其他大多數企業都要好、要精。一顆子彈就是如此，它認定目標且直奔目標，中間沒有任何猶豫，直到擊中目標的要害，這實際上就是一種「專注」的展現。子彈的職責就是擊中目標，它不會考慮自己有多大，也不會考慮自己有多漂亮，它更不會考慮要怎麼做才可以顯得風光體面。它心裡明白，只有能準確擊中目標的子彈，才是一個合格的子彈。

這些事都跟錢有關

在進行投資的時候應該明白「專注」的內涵，沒有必要「看到什麼賺錢就做什麼」，要真正去考慮的是「自己所做的領域要怎樣才可以賺到錢」，只有這樣考慮的企業才可以找到自己的優勢，進而在自身所涉及的領域中做到「專注成就效益」。

投資亞馬遜網路書店

KPCB是矽谷一家有名的風險投資公司。當初，它投資英特爾、亞馬遜、蘋果等後來特別成功的公司。有人說這是世界第一風險投資公司，它有多少人？一共二十五個人，包括九個合夥人，四、五個助手，加上幾個秘書，僅此而已。該公司是怎樣對最大的網路書店亞馬遜進行投資？

亞馬遜的創始人在一個星期六來到風險投資公司，說有一個想法，在網上賣書。公司留下他的網址，並且約此人一個星期後再來，然後幾個合夥人就立即上網訂了幾本書。書很快就寄來了。所以很簡單，一星期後就簽約，這項投資就這麼做成了。這一筆生意當然賺了大錢。他們的專案鑑定報告有多長？一共兩頁。在該公司，一個項目往往是一個合夥人主要負責，但是最後九個合夥人要一致同意才可以成立，這就是風險投資。

風險投資也叫「創業投資」，廣義的風險投資泛指一切具有高風險、高潛在收益的投資；狹義的風險投資是指以高新技術為基礎，生產與經營技術密集型產品的投資。根據美國風險投資協會的定義，風險投資是由職業金融家投入到新興的、迅速發展的、具有巨大競爭潛力的企業中的一種權益資本。從投資行為的角度來說，風險投資是把資本投向蘊藏著失敗風險的高新技術及其產品的研究開發領域，旨在促使高新技術成果盡快商品化、產業化，以取得高資本收益的一種投資過程。從運作方式來看，是指由專業化人才管理下的投資仲介，向特別具有潛能的高新技術企業，投入風險資本的過程，也是協調風險投資家、技術專家、投資者的關係，利益共用，風險共擔的一種投資方式。在風險投資最為發達的美國，孕育出最為典型的傑作就是舉世聞名的「矽谷」，這裡的高科技企業無一例外地從風險投資起家，從軟體業的霸主「Microsoft」到瀏覽器之王「Netscape」，到網際網路新星「Yahoo」莫不如此。

風險投資具有與一般投資不同的特點，表現在：

高風險性。風險投資的對象主要是：剛起步或是還沒有起步的中小型高新技術企業，企業規模小，沒有固定資產或資金作為抵押或擔保。由於投資目標常常是「種子」技術或是一種構想創意，它們處於起步設計階段，尚未經過市場檢驗，能否轉化為現實生產力，有許多不確定因素。因此，高風險性是風險投資的本質特徵。

高收益性。風險投資是一種前瞻性投資戰略，預期企業的高成長、高增值是其投資的內在動因。一旦投資成功，將會帶來十倍甚至百倍的投資回報。高風險、高收益在風險投資過程中充分表現出來。

由於投資目的是追求超額回報，當被投資企業增值後，風險投資人會透過上市、收購兼併或其他股權轉讓方式撤出資本，實現增值。

風險投資從風險企業退出有三種方式：首次公開發行；被其他企業兼併收購或股本回購；破產清算。顯然，可以使風險企業達到首次公開上市發行，是風險投資家的奮鬥目標。破產清算，表示風險投資可能一部分或全部損失。

以何種方式退出，在一定程度上是風險投資成功與否的標誌。在做出投資決策之前，風險投資家就制定具體的退出策略。退出決策就是利潤分配決策，以什麼方式和什麼時間退出可以使風險投資收益最大化為最佳退出決策。

低流動性。風險資本在高新技術企業創立初期就投入，當企業發展成熟後，才可以透過資本市場將股權變現，獲取回報，繼而進行新一輪的投資運作。因此投資期較長，通常為四～八年。此外，在風險資本最後退出時，若換手不順，撤資將十分困難，導致風險投資流動性降低。

從本質上說，風險投資是高新技術產業在投入資本並且進行有效使用過程中的一個支援系統，它加速高新技術成果的轉化，壯大高新技術產業，催化知識經濟的蓬勃發展，這是它最主要的作用。

這些事都跟錢有關

對於國家經濟而言，風險投資在推動企業技術創新、促進產業機構的調整、改變社會就業結構、擴大個人投資的選擇管道、加強資本市場的深度等方面都有重要的意義。

時間就是金錢

《錢神論》有一段關於金錢的經典描述：「錢之為體，有乾坤之象。內則其方，外則其圓。其積如山，其流如川。動靜有時，行藏有節。市井便易，不患耗折，唯折象壽，不匱象道。故能長久，為世神寶。親之如兄，字曰孔方。失之則貧弱，得之則富昌。……錢多者處前，錢少者居後；處前者為君長，在後者為臣僕。君長者豐衍而有餘，臣僕者窮竭而不足。」這段話揭示一個道理：金錢雖然不是萬能的，即使是古代社會，沒有錢也是萬萬不能的。

在現代社會，金錢的重要性更是不言而喻。人們對待金錢的態度不僅是理性消費，更要注重理性投資。正所謂是「你不理財，財不理你」。這句話對於個人與家庭、企業甚至國家都是十分適用。所謂理財，簡單說來就是以最低的成本籌集資金、以最低的風險取得最大的收益。

經濟學告訴我們，收入與儲蓄之間的變動關係受到收入效應的影響。根據恩格爾原理（隨著家庭收入的增長，食物消費佔整個的比例越來越低），居民收入（流量，指的是一段時間內所獲得的經濟報酬。）與財富（存量，指的是累積的總量，如一個家庭所擁有的全部資產。）的增長必將帶來消費行為的改變。一般來說，這種影響就是收入的提高會使得人們在維持基本生活方面的消費比例降低，而節餘卻會相應增加，這些儲蓄的資金可以用來進行各種理財活動。

在理財活動中，首先要瞭解的一個概念是「現金流」。

首先看一個例子。現在你要投資十萬元開一家便利店，成本價一萬元的商品賣的價格是一．二萬元。如果一萬元周轉一次的銷售收入是一．二萬元，盈利是二千元。來看這樣兩種情況：第一，如果每天可以周轉一次，每個月就可以獲得六萬元的利潤；第二，如果每十天才周轉一次，一個月的利潤只有六千元。在前一種情況下，不考慮稅收與其他因素，一年之後你的資產將會達到八十二萬元；而在後一種情況下，一年之後你的資產僅有十八・二萬元。

究竟什麼是現金流？

其實，從以上那個例子，我們就可以理解現金流。如果一定要用比較嚴謹的語言來描述「現金流」，我們可以這麼說：**所謂「現金流」，就是資產用「現金」來衡量時，資產價值隨時間變化的流量**。

如果你投資的這十萬元是從銀行貸款的錢，情況又會如何？這個時候的現金流不僅要考慮每個月所賺到的收入，還要考慮資本成本。

所謂資本成本，就是必須要償還銀行貸款利息，一般都是以利息率表示資本成本。這就是所謂資金的「時間價值」。

資金的「時間價值」，表示錢財離開原先的所有者轉移到使用者手中，經過一段時間之後，再從使用者轉回到所有者手裡必須要附加額外的錢，這個額外的資金即利息。

我們所熟知的投資基金的「七二法則」就是「時間價值」的應用原則之一。所謂

「七二法則」就是說，不拿回利息，一直利滾利，本金增值一倍所需的時間。本金增長一倍所需時間（年）＝七十二／年收益率。

舉例來說，如果你存十萬元在銀行，年利率二%，每年利滾利，要三十六年才可以增加一倍變成二十萬元。又比如，你投資三十萬元在一支每年報酬率一二%的投資基金上，約需六年時間會增值一倍，變成六十萬元。

這些事都跟錢有關

從賽局的角度去看待時間價值，就是資金擁有者選擇現在就將這些資金消費掉，還是選擇將這些資金儲蓄起來進行投資，並且在未來獲得收益。簡單來說，時間價值就是一個消費者現在與未來之間的消費決策賽局。

「美女投票」的選擇

經濟學大師凱因斯曾經說過一個「美女投票」的故事：「專業投資大約可以用以下的比賽來說明，這個比賽是由參賽者，從一百張照片當中選出六張最漂亮的面孔，誰的選擇最接近全體投票者的平均偏好，誰就可以獲獎；因此，每個參加者必須挑選並非他自己認為最漂亮的面孔，而是他認為最能吸引其他參加者注意力的面孔，這些其他參加者也正以同樣的方式考慮這個問題。現在要選的不是根據個人最佳判斷確定的真正最漂亮的面孔，甚至也不是一般人認為真正最漂亮的面孔。我們必須做出第三種選擇，即運用我們的智慧，來猜測一般人的意見，認為一般人的意見應該是什麼。」

在選美比賽中，最終的結果與誰是最漂亮的女人無關。人們要關心的是怎樣預測其他

人認為誰最漂亮，或是其他人認為誰最漂亮。

股票市場具有一些類似的特點。投資要義不在於投資者自己對證券價值的認識，應該關心其他投資者的看法。也就是說，每個投資者都希望賺錢，可是能否賺錢，不完全取決於某個上市公司的盈利情況，更要取決於其他投資者是否看好這支股票。

然而，當我們進一步考慮時，會發現實際的問題更加複雜。因為投票者將全部從相同的角度來看待這個問題。因此，作為股票投資者必須判斷的不僅僅是別人是什麼想法，而是判斷「其他某個人所判斷的，除這個人自己之外的其他人的想法是什麼」。這句話說起來頗有些拗口，實際上，在投票時，沒有多少人會去考慮這麼多的資訊，首先，無法收集足夠多的背景資訊，其次對其他人的想法只是一種猜測，不一定可以推測出其他人的真實想法。

現實中的情況是，研究顯示，人們普遍有一種賭博的傾向。有專家估計，一九七四年美國的成年人口中，有六一％參與不同形式的賭博，其中一・一％的男人和〇・五％的女人是狂熱的賭徒，二・七％的男人和一％的女人是潛在的狂熱賭徒。在一定程度上，賭博者對於賭局的可能結果有非常好的理性預期，並且還有其他的感情因素會驅動他們的實際行為。

此外，在這種賽局中，「羊群效應」也產生很大的作用。人們在不確定下決策時，行為受到其他投資者的影響，模仿他人決策，或過度依賴輿論。因而人們面對類似的資訊環境時，會做出類似的行為反應。「羊群效應」導致資產價格不連續的和大幅的波動，破壞了市場的穩定性。

假設市場上現在有一千個投資者，對一項在新興市場上投資機會有不同的看法，其中二百人認為這項投資有利可圖，但是八百人持有相反的意見。如果將這一千個人的意見綜合起來看，這項投資肯定是不明智的。然而，在他們資訊無法溝通的情況下，如果最初進行決策的投資者是少數的那二百人，他們就會進行投資，八百人則逐漸改變想法跟隨著這少數人去投資。這便形成「滾雪球效應」，這種情況下「羊群效應」發生了。

同時，人們在「賽局心理」支配下，股票、房地產等資產價格越高越買，越買價格越高，進而導致金融市場異常膨脹，引起泡沫經濟。

當然，股票市場和房地產市場畢竟是不同的。股票無論漲到多高，只要繼續上漲就不會出現直接的受害者。然而，人們總是要在土地上生存的，遮風避雨的房子也是每個人的必需品。

然而，房地產、股票等資產價格的上漲，為投資家帶來億萬的財富。人們依靠勞動所得的薪水收入遠遠不能與之相比較，這使整個社會的價值觀發生混亂。汗流浹背的勞動所得，遠不如金錢遊戲帶來的利益，必然對勞動積極性產生很壞的影響。對於企業也是一樣，試問，如果在房地產或股票市場投機所得的收入遠高於企業經營管理的回報，還會有哪一家公司認認真真地把企業經營好？

在這種情況下，「財富效應」的作用開始發生。**所謂「財富效應」，即資產諸如股票、房地產的價格高漲可以使人們感到財富增加，進而加大消費動機，刺激消費需求。**財富效應，資產泡沫導致人們忽視自己的經濟能力，推動消費與投資的增長。對於為數眾多的家庭，隨著股票、房地產價格的上漲，會大幅度提高消費層次，而消費需要的不斷增長又給經濟泡沫打上一針興奮劑。

這些事都跟錢有關

不管是「羊群效應」，或是「美女投票」，還是「財富效應」，只要是泡沫，終歸是要破滅的。因為從投機的作用機制看，這場遊戲註定會結束。假設一項資產價值為一百萬，假定每個人都在賺得一〇%後拋出，被n次轉手的這項金融資產價格就會是100×（1+10%）n萬。要使遊戲不斷玩下去，n將趨向於無窮大，永遠不停止，這樣100×（1+10%）n萬也會趨向於無窮大。若貨幣發行量可以無限增大，以適應資產增值的要求，泡沫還可以繼續維持。但是，貨幣的發行量總是有限的，否則會引起極度的通貨膨脹，這樣泡沫的破裂帶有必然性。面對這樣的投資現象，投資者一定要謹慎進行。

第6章

投資原則——黃金不要變石頭

怎樣扔硬幣才會贏？

美國著名經濟學家、麻省理工學院教授薩繆爾森有一次和同事打賭扔硬幣，如果出現他要的一面，他就贏一千美元，如果不是他要的那一面，則他付給同事二千美元。

聽起來，這是一個對同事有利的打賭規則。因為，如果同事出資一千美元，就有五〇％的可能贏得二千美元，當然也有五〇％的可能將一千美元輸掉，但其預期收益是五百美元（50％×2000＋50％×（−1000）＝500）。

但是同事拒絕了，「我不會和你打賭，因為我覺得一千美元的損失比二千美元的收益對我來說重要得多。但是如果賭一百次，我願意。」換句話說，他同事的觀點可更準確地表達為：「一次不足以出現我所需要的平均定律的結果，但一百次就可以了。」

在一個標準的扔硬幣實驗中，扔十次、一百次和一千次得到正面的比例都是五〇%，但扔一千次得到正面的比例比扔十次更接近五〇%，這就是平均定律。也就是說，重複多次這種相互獨立且互不相關（下次的結果與上次的結果無關）的打賭，同事的風險被控制住，他將能穩定地獲得這種「制度安排」的好處。

其實，同事更聰明的回答應該是：「讓我們賭一千次，每次你用二美元賭我的一美元。」這個時候，他的資產組合風險就被固定了，而且他的初始資金需要得很少，最多只要五百美元（假定他在前五百次都不走運，當然這是不可能的）。這樣，他等於是將五百美元分散到一千個相同且相互獨立的賭次中了，這個資產組合的風險將接近於零。

從這個故事中，我們看到了什麼？我們看到了投資的理性！**這也就是投資與賭博的區別：投資是經過「審慎計算」的賭博。**對於風險厭惡型的投資者來說，收益的取得和風險的控制對於自身效用來說是同樣重要的。

投資與賭博的區別在於：投資是經過「審慎計算」的賭博。邊際效用遞減規律對金錢這個物品似乎不適用——錢通常是越多越好。

古語道：君子愛財，取之有道，散之有方。其中暗含投資理性之意，也道出理性地對待財富之理。

什麼是投資理性？在經濟學中，理性是指人們具有最大化自身效用的特性。在投資領域，投資者通常被分為三種類型，即風險厭惡（risk aversion）者、風險中性（risk neutral）者和風險愛好者（risk lover）。對第一種人來說，投資理性表現為：如果不存在超額收益和風險溢價，他不願意投資於有風險的證券；第二種人只是按期望收益率來決定是否進行風險投資，風險的高低與風險中性者無關；第三種人，則把風險的「樂趣」考慮在自身效用中！

這些事都跟錢有關

大部分投資者是風險厭惡者，儘管他們的風險厭惡程度各不相同。因此，對於大部分投資者來說，投資理性就表現為：收益能增加自身效用，而風險會減少效用，多承擔一分風險，就需要多一分收益來補償，風險和收益要保持一定的平衡關係。

獅子和兔子

狀況一：一隻獅子發現一隻兔子，追了牠大半天，最終還是沒追上。其他動物嘲笑獅子，獅子無奈地說：「我跑只是為了一頓晚餐，兔子跑卻是為了保住自己的性命，我當然跑不贏牠。」

狀況二：一隻獅子碰上一隻兔子，奮力向牠撲去。兔子自忖最終難逃獅子的魔爪，便撒腿向草地跑。一個追，一個跑，眼看兔子就要被獅子抓住，獅子卻放棄了追兔子。因為獅子發現兔子把牠引到一群綿羊面前。羊與兔比，獅子當然要捨兔而取羊，不為什麼，只為羊的肉比兔多。

狀況三：一隻獅子遇上兩隻兔子，一隻在前，一隻在後。前面的善跑，後面的不善跑。後兔與前兔打招呼：你得挺住，多跑一會兒，把獅子拖累；等獅子再來追我時，我就可以跑贏牠。最終的結果是，獅子徒勞無功，兩隻兔子安然無恙。

狀況四：一隻吃飽的獅子在閒逛時發現一隻兔子。獅子想吃牠，可是胃撐得受不了；想放牠，一則覺得便宜了牠，二則有損森林之王的威嚴，實在不妥。聰明的兔子看出獅子的心思，說：「高貴的獅子先生，我實在不忍心讓我那不太嫩也不太美的肉來使你飽漲的胃難受，可是我也不忍心你因為不吃我而失去你的尊嚴。為了報答你，我決定給你『回扣』——發現綿羊一定通知你，你只要假惺惺地追一追我，到沒人的地方就放了我，就當你活動活動筋骨吧，如何？」獅子瞇起眼想了想，果然是個好辦法。於是兔子與獅子玩了一次友誼「賽跑」，事後兔子拿了「回扣」給獅子——牠不敢毀約，因為牠知道，明年還要靠那支經常「吃飽」的獅子幫忙，自己才可以「生存」。

以上四隻獅子碰巧同時遭遇上面五隻兔子，最終的結果是，那隻為了保住自己性命只知道跑卻不知道想其他辦法的兔子葬身獅口。因為牠也許能跑贏一隻獅子，但絕對不可能又跑贏其他的獅子。後來獅口餘生的四隻兔子碰頭後總結「生存法則」，歸納為四點：第一，只靠自身力量絕對不行；第二，必要時可犧牲他人；第三，發揮集體的力量；第四，充分利用物質利益對敵對友的「親和作用」。

這就是「兔子生存邏輯」。

從一個企業的角度看，在做不到行業領頭羊的情況下，不要生搬硬套領頭羊的各種運籌模式，必須學會尋找市場夾縫。因為市場總是會有縫隙，不可能是鐵板一塊。**每個產品都可以找到屬於自己的市場，只要我們認真去做，總會找到市場「縫隙」**。有這種「縫隙」意識，經營者的眼光就常常落在別人不注意的地方，另闢蹊徑，別出心裁，不隨世俗，不貪利於一時而步人後塵。當別人一窩蜂地投資時興商品時，他卻悄悄地發掘傳統產品的生機；當別人的雙眼聚焦城市市場時，他的「火眼金睛」卻盯上廣闊的農村市場。

這些事都跟錢有關

一旦瞄準「縫隙」市場，就不要「隨波逐流」，而專心生產市場上有需要但目前尚無人製造的產品；就不「隨風跑」，也不會「等著瞧」，而是像兔子一樣以變應變，主動出擊，使企業的投資方略活躍在市場競爭的舞台上。

鋼鐵大王的原則

一八七二年，美國鋼鐵大王卡內基的兩座大型煉鐵爐剛建成，建造的工程師告訴他：「現在發明了一種新的煉鐵法，可使每一噸煉鐵的成本降低五〇美分，可惜現在新煉鐵爐已經完工，要是晚建一段時間就好了。」卡內基問：「新煉鐵法確保能降低成本嗎？」工程師回答：「沒問題。」卡內基講：「那就將新建的煉鐵爐炸掉重建！」

談到成本的時候，人們往往想到的是節省。確實，節省是降低成本的重要途徑，節省的價值還在於能促進企業管理水準的提高。但是如果把成本作為一種戰略措施，僅僅理解為節省，就必然限制經營者的思考範圍。成本與企業競爭戰略聯繫起來，就會有更為豐富的內涵。

成本控制就是該花的一分不少，不該花的一分不花。在銷售價格、銷售數量以及銷售收入既定的條件下，企業的利潤最大化目標，實質上變為成本最小化目標，成本成為利潤第一來源。

當前出現的一種現象是：企業經營業績不好，產品銷路不暢，有些企業領導人就直接到了財務科，苛扣起預算。首先，回收資金不多，就別做廣告了；其次，為了減少開支，別出差了；再有，錢這麼緊，還搞什麼教育訓練。可再想一想，不做廣告，市場是否還能保持住？不出差，必要的關係斷了怎麼辦？不做教育訓練，員工的素質怎麼提高？企業由此可能進入惡性循環，結果是極大地削弱競爭力。

國外許多著名的企業如日本豐田公司，在細小的生產管理環節上，就從一點一滴做起降低成本，工作用手套破了，要一隻一隻地換，辦公紙正面用了還要用背面，廁所水箱裡放塊磚頭用來節水，可是每年的科技投入費用卻大得驚人，開拓市場該花費的錢絕不含糊。總之，降低成本是與提高企業競爭力的目標相聯繫的，是為了企業進入良性循環的發展道路，背離這個基本目的，成本控制就失去意義。

成本與品質在企業經營中存在一定的矛盾，片面地強調某一方面都是不對的，需要經營者在競爭中權衡兩者的關係，把握住其中的「度」。**權衡的原則，應該是提高競爭力。**值得注意的傾向性問題是，許多企業為了降低成本而忽視了產品品質。從企業的長遠發展考慮問題，要取得戰略上的競爭優勢，還是應該將提高產品品質放在首位。

其實，成本與品質也有統一的一面，成本實質上可以理解為企業付出的代價，忽視品質會使企業付出高昂的代價。在國外工業生產中，流行一種所謂「一：十：百」的成本法則。就是說，假如在生產前發現一項缺陷而予以改正，只需花一元，如果此缺陷在生產線上發現，則需要花十倍的錢來改正；如果此缺陷在市場上被消費者發現，則需花上一百倍、一千倍的代價。如果經營者可以權衡可能付出的這種代價，就可以妥善處理成本與品質的關係。

按照競爭要求實現成本控制，需要有一個長期的戰略安排，從整體上實現控制目標。也許從短時間內還要加大投入，造成成本上升，但是從長遠考慮可以贏得成本領先優勢，因而不能從一時一事上評價成本控制的成果。

這些事都跟錢有關

要從戰略上把握成本控制的過程，需要企業家具有一定的膽識與魄力，需要權衡各種得失做出判斷，需要確定有價值的目標按步驟演進，最後獲得戰略成果。企業只有從戰略的高度認識成本控制，才可以確保達到成本控制的目標，並使成本控制轉化為競爭優勢。

計算風險的基準——報酬線

風險與報酬成正比，風險越大，報酬可能越高。這是一個投資常識，但是人們在投資的時候往往忘記這個常識。許多投資者雖然知道，但是都停留在表面上，對其中所蘊含的投資內涵不曾進行深入思考，對於不同市場的風險沒有深入瞭解，對於如何透過承擔某種風險來獲取相應的報酬，也無理性的認識，導致投資往往失敗收場。因此，投資者在投資前，一定要計算風險——報酬線。

風險，就是某種行為結果的不確定性。在自由市場經濟條件下，風險無處不在。即使在繁榮經濟時期，各種經濟風險也普遍存在。在現實投資活動中，遇到的風險就更多了。比如投資無風險的固定利率國債，也仍然會存在一定的市場利率風險。以投資十年期國債為例，如果該國債品種的票面利率是三％，而目前的市場利率是四％，由於國債的實際利率有向市場利率接近的趨向，該國債的市場利率就會向四％逼近，粗略地估算，該國債的市場價與票面價格就可能會有一〇％的折價，原來一百元面值的國債，在市場上可能會跌到九十元。

反之，如果現在的市場利率是二％，該國債的利率也會向二％調整，其市場價格就可能上升到一百一十元。投資者如果只以獲取票面利率為自己的投資目標，可以不關注市場利率的漲跌，但是市場利率總會影響到投資者的實際收益。這就是說，儘管投資者獲取的票面利率是確定的，但是由於市場利率的不確定性，投資者也面臨國債價格波動的風險。投資者如果不能將國債持有至到期，獲取的利率仍然存在某種不確定性。投資基金和股票的風險就更大了。

所謂報酬，就是投資者投資某種金融產品或某個專案時所獲得的報酬，如投資國債時獲取利息，投資股票時獲得股息。投資國債、基金、股票等產品面臨的風險不同，獲取的報酬也不一樣。因此，投資者在投資某種金融產品之前，一定要弄清楚自己所能承擔的風險與投資的目標——預期的報酬，也就是要搞清楚風險——報酬線定得多高才是合適的。

一般而言，投資者對自己所能承擔的風險是有所瞭解的，不瞭解的是某種金融產品所隱含的市場風險。比如投資國債時所面臨的市場利率波動風險，投資基金時所面臨的基金管理人的風險、基金政策風險以及基金投資對象所隱藏的風險，投資股票時所面臨的行業風險、經濟週期風險、企業管理人道德風險。

這些事都跟錢有關

只有在瞭解所有這些風險，並計算投資所可能獲取的報酬後，根據自己的資金情況和風險承受能力、風險偏好和性格特點，以及市場情況來選擇和確定自己的風險——報酬線，並且要根據市場的變化及時調整投資，才可以獲得預期的收益。否則，投資時對風險毫無認識，對報酬毫無把握，沒有一定的分析，最終只能以失敗而告終。

「鬱金香」的魅力

一六〇二年，荷蘭人在商船參與事務中進行革命性的改革。一批商人組建一個裝備商船的協會，他們把這個共同的機構稱為東印度公司。政府賦予這個公司獨家經營權（壟斷），專門負責荷蘭前往印度的航運事務。組建這個公司所需要的資金，共約六百五十萬荷蘭盾，由六個荷蘭城市承擔，並且進入阿姆斯特丹交易所交易。透過發行股份（即股票），東印度貿易的風險不再由荷蘭國家，而是由商人和投機者承擔。交易所把資金的供需結合起來，而且是用一種十分有效的手段，因為風險由所有參與者共同承擔。

交易所和股票的發明，又使開拓新的業務成為可能。股票的價格，即行情，根據我們今天的觀點，上下波動是很厲害的。在一六〇四年，當公司的第一批商船開往印度洋時，股票的價格就比票面上漲了三分之一。在最高峰時期，即東印度公司成立一百週年時，它的股票上升了一千倍。

這樣夢幻般的利潤，促使荷蘭人開始用其他物品進行投機。其中最怪異的投機生意，就是用看來完全普通的東西——鬱金香根莖。鬱金香開始來到歐洲時，是很昂貴的奇花，只有富裕的家庭才可以於春天在自己的花園裡開闢一塊鬱金香花壇。當很多商人透過交易所的投機富裕起來以後，不知是誰突發異想，覺得總有一天，市場對鬱金香的需求也會活躍起來，因此很值得買進一批鬱金香根莖。這是在一六三四年，東印度公司成立三十年之後。於是，鬱金香的價格開始攀升。由於大家都估計這個趨勢還將繼續下去，所以就繼續買進鬱金香，而價格也就不斷攀升。與股票相比，鬱金香的根莖是有形的東西，所以參與投機的人就不僅有貴族和商人，而且也有農民、僕人和女傭。

在各個小酒館裡，都出現鬱金香交易活動，整個民族都夢想著不費什麼力氣就可以發起財來。鬱金香投機生意最高潮時，一個「VICE-ROY」品種的根莖價格高達二千五百荷蘭盾，當時相當於兩車燕麥，四頭肉牛，四頭肉豬，十二隻綿羊，一千磅乳酪的價格。這種瘋狂持續了三年。到了一六三七年的一天，一個投機者突然無法取得他所期望的價格。他陷入惶恐之中，於是把手中的貨物以他還能夠得到的最好價格全部拋出。這個時候，人們突然想到，鬱金香根莖除了可以種在花園裡以外，其實並無其他用途。

於是，到處一片驚慌，大家都想出手，但是沒有人再想買進，價格跌入最底層。最慘的要算那些借債購買鬱金香根莖的荷蘭人，他們原本以為這些貸款可以用投機所得的零頭還清，可是現在卻破產了，失去全部家當。

這些事都跟錢有關

從此，歷史上所有大的投機生意都有這樣類似的過程：開始時是幾個好的主意，然後是狂熱，然後就是瘋狂，每個人都以為必須參加這項大買賣，最後是驚慌失措，投機的泡沫徹底破滅。即使是今天做投機生意的人，也不時會提及「鬱金香」時代。

彩券、賭博、投資

幾年以前，美國加州一個華裔婦女買彩券中了頭獎，贏得八千九百萬美元獎金，創下加州彩券歷史上個人得獎金額最高紀錄。消息傳開之後，一時之間很多人躍躍欲試，紛紛去買彩券，彩券公司因此而大賺一筆。

然而，從數學的角度來看，在去買彩券的路上被汽車撞死的機率遠高於中大獎的機率。每年全世界死於車禍的人數以數十萬計，中了上億美元大獎的卻沒幾個。死於車禍的人中，有多少是死在去買彩券的路上？這恐怕難以統計，因而「死於車禍多於中獎」也成為無法從當事人調查取證的猜想。

在機率論中，「買彩券路上的車禍」和普通的車禍是完全不同意義的事件，是有條件的機率，這個機率是建立在「買彩券」和「出車禍」兩個機率上的機率。不管怎麼說，這都應該是一個極小的機率，它的機率比中大獎更大，可見中大獎的難得和稀奇。

但買彩券的人卻比參與賭場賭博的人多得多，不能不說很多人缺乏理性的思考。通常，賭場的賠率是八〇%甚至更高，而彩券的賠率還到不了五〇%，也就是說買彩券還不如去賭博。但是很多人卻熱衷於彩券，渴望一夜致富，一把改變命運。**精通消費者心理學的商家，不在每件商品上打折，而是推出購物中大獎之類的活動，也和彩券異曲同工，既可以節省成本，又滿足顧客的「僥倖」心理。**

實際上，彩券中獎的機率遠比擲硬幣，連續出現十個正面的「可能性」小得多。如果你有充裕的空閒時間，不妨試試，拿一枚硬幣，看你用多長時間能幸運地擲出自始至終的連續十個正面。實際上，每次拋擲時，你都「幸運」地得到正面的可能性是二分之一，連續十次下來都是正面的機率是十個二分之一相乘的積，也就是$(1/2)^{10}=1/1024$。想想吧，千分之一的機率讓你碰上了，難道不需要有上千次的辛勤拋擲做後盾？

機率中還有一個重要的概念是：事件的獨立性概念。很多情況下，人們因為前面已經有了大量的未中獎人群，而去買彩券或參與到累計回報的遊戲，殊不知，每個人的「運氣」都獨立於他人的「運氣」，不因為前人沒有中獎，你就多了中獎的機會。

設想一下，前面十個人拋硬幣，沒有一個人拋出正面，現在輪到你，難道你拋出正面的可能性就大於其餘的人？每個人拋的那一次，都「獨立」於其餘的人。

從某種意義上說，賭博和投資沒有嚴格的分界線，這兩者收益都是不確定的；其次，同樣的投資工具，比如期貨，你可以按照投資的方式來做，也可以按照賭博的方式來做——不做任何分析，孤注一擲；同樣的賭博工具，比如賭馬，你可以像通常人們所做的那樣去碰運氣，也可以像投資高科技產業那樣去投資——基於細緻的分析，按恰當的比例下注。

但是賭博和投資也有顯然不同的地方：投資要求期望收益一定大於〇，而賭博不要求，比如買彩券、賭馬、賭大小……的期望收益就小於〇；支撐投資的是關於未來收益的分析和預測，而支撐賭博的是僥倖獲勝心理；投資要求迴避風險，而賭博是找風險；一種投資工具可能使每個投資者獲益，而賭博工具不可能。

對於賭大小或賭紅黑那樣的賭博，很多人推薦這樣一種策略：首先下一塊錢（或是一％），如果輸了，賭注加倍；如果贏了，從頭開始再下一塊錢。理由是只要有一次贏了，你就可以扳回前面的全部損失，反過來成為贏家——贏一元；有人還認為它是一種不錯的期貨投資策略。實際上，這是一種糟透了的策略。

因為這樣做雖然勝率很高，但是贏時贏得少，輸時輸得多——可能傾家蕩產，期望收益為〇，而風險無限大。不過，這種策略對於下圍棋等博弈倒是很合適，因為下圍棋重要的是輸贏，而不在於輸贏多少。

許多賭博方式都有莊家佔先的特例。比如擲三顆骰子賭大小，只要莊家擲出三個一樣的點數，則不管下注者擲出什麼，莊家通吃，這使得莊家的期望收益大於〇，而下注者的期望收益小於〇。從統計的角度看，賭得越久，莊家勝率越大。

因而，賭場老闆贏錢的一個重要原因是：參賭者沒有足夠的耐心，或是賭注下得太高，使得賭友很容易輸光自己的資金，失去扳本的機會；而賭場莊家的「戰鬥壽命」則要長得多，因為資金實力更雄厚，也因為面對不同的賭友，賭場莊家分散了投資，因而不容易輸光。

人不是都可以理性地進行決策。比如從心理學的角度來看，大多數情況下，人們對所損失的東西的價值估計，會高出得到相同東西的價值的兩倍。人們的視角不同，其決策與判斷是存在「偏差」的。

因為，人在不確定條件下的決策，不是取決於結果本身而是結果與設想的差距。也就是說，人們在決策時，總是會以自己的視角或參考標準來衡量，以此來決定決策的取捨。

而且一旦超過某個「參照點」，對同樣數量的損失和盈利，人們的感受是相當不相同的。在這個「參照點」附近，一定數量的損失所引起的價值損害（負效用）要大於同樣數量的盈利所帶來的價值滿足。

簡單地說，就是輸了一百元所帶來的不愉快感受要比贏了一百元所帶來的愉悅感受強烈得多。

這些事都跟錢有關

由於人的冒險本性和總希望有意外驚喜的本性，使得賭博可以作為一種娛樂。如果把賭博作為一種事業，嗜賭成癮、貪婪、僥倖，帶著一夜致富的貪心會導致賭博過度，就不是小賭怡情，而是從娛樂變成痛苦。

第7章

投資方法——石頭變黃金

股票的利益與風險

「樂也股票，愁也股票」，這是報紙上在報導股市中某些情況時用到的字眼。它從某個側面觸及股票投資的高收入與高風險等方面的特徵。提醒投資者應該注意從股票投資分析中，來掌握股價走勢的重要性。

所謂股票投資分析，就是股票投資者對股票市場所反映的各種資訊，進行收集、整理、綜合等工作，藉以瞭解和預測股票價格的走勢，進而做出相應的投資策略，以降低風險和獲取較高的收益。股票投資分析的主要內容包括：股價基本因素分析和技術因素分析，這兩方面又包含廣泛的內容。

進行股票投資分析的必要性在於：

第一，股票屬於風險性資產，其風險由投資者自負。所以，每個投資者在走每一步的時候，都應該謹慎行事。高收益帶來的也是高風險，在從事股票投資時，為了爭取盡可能大的收益，並把可能的風險降到最低限度，首先，我們要做的就是認真進行股票投資分析。這樣在買賣過程中，我們才會有信心，使我們看到可能發生的風險，及時避開隱蔽的陷阱，確保對我們的投資行動來說最為重要的一點——安全。

第二，股票投資是一種智慧型投資。長期投資者要注重於基本方法，短期投資者則要注重技術分析。要在股市上進行投機，更是一種需要高超智慧與勇氣的舉動，其前提是看準了時機才去投資。時機的把握需要投資者綜合運用自己的知識、理論、技術以及方法詳盡的周密分析，進行科學的決策，以獲得有保障的投資收益。這與盲目的、碰運氣的賭博性投資行為有根本的區別。

第三，從事股票投資要量力而行，適可而止。隨時保持冷靜的頭腦，堅決杜絕貪念。哪怕只有一次想賭一把的衝動，也會讓你追悔莫及。

投資者在進行股票投資分析時往往會受到資訊不足、分析工具不全、個人分析能力有限等問題的制約，因此投資者除了自行分析以外，還應參考外界力量對股票投資所做的分析，做出正確的判斷。由於股票投資分析是一個複雜的過程，考慮問題時我們應採取從宏觀到微觀，由遠及近的步驟進行。

第一步：必須對整個國民經濟的運作，包括生產、流通、服務等各個部門做出詳細的分析，以便瞭解國民經濟各部門、各地區所處的增長階段與其發展趨勢，進而明確成千上萬個具體的企業，瞭解它們在經濟大環境下和所屬行業的特色下所從事的具體經濟活動。

第二步：對發行股票的企業進行分析。因為股票是由不同的企業發行的，每個企業各有特點，要瞭解它，就應該從股票發行企業的經濟狀況和財務狀況入手，看其資本強弱、技術實力、獲益多寡、償債能力、成長潛力，進而對股票發行企業做出恰如其分的判斷與評價。同時，結合分析其股票本身的歷史走勢，看它的市場價格變動與企業財務狀況相關聯的特點及變化軌跡，股票交易量和股票價格變動、市場價格變動的對應關係，並運用各種分析的結果預測股票未來變化的特點及走勢。

第三步：對股票市場狀況進行分析。股票市場作為一個整體的表現，可能與基本分析的結果相一致，但也不一定與之完全相同，某一股票的市場行為常常與基本經濟所表現的狀況相反，一個股市的狀況和國民經濟現狀可能都是好的，但這種股票的市場價格可能反而下降，相反的，國民經濟的基本狀況可能不好，但整個股票市場可能卻很興旺。整體來說，股票市場作為一個整體，其行為可能與基本投資分析所期望的不一樣。

股票市場有自己的好惡，投資者和投機者往往偏愛某些行業中的某些股票，不願意投資到另一些行業中的某些股票，這種情況可能會使市場趨勢與整個國民經濟背道而馳。但這種行為通常是短期現象，投資者不應忽視其中可能產生的得失。同時，股票市場的趨勢可能領先於經濟狀況，它的週期性變動對可以看到也可能看不到的臨時發生的技術上、心理上和投資者情緒上的事件會引起反應，使有些股票的波動比市場大一些，有些比市場小一些，不過市場作為一個整體，對每種股票價格的變動負主要責任，做決定性的影響。

這些事都跟錢有關

有必要把個別股票的預測與整個股市的預測聯繫起來，互相對照，以提高個別股票價格預測的準確性。

把雞蛋分在不同的籃子裡

「把雞蛋放在不同的籃子裡」。這樣一來，即使部分籃子摔了，也不至於導致弄破所有的雞蛋。

這就是一個出於分散風險的考慮。事實上，投資組合理論就是怎樣設計投資資金的分布，在最大收益和最小風險之間找到多樣性的平衡。

投資工具組合是比較常見的一種組合方式，也是我們許多人通常說的組合。投資者不是把所有資金全部用於一種投資工具，比如不是全部用來投資股票，而是股票、債券、保險等許多投資方式同時進行，這樣才可以有效地避免風險。

投資時間的組合，主要是從資金的流動性角度來考慮的。**所謂流動性，就是指金融資**

產的變現能力。在所有的金融資產中，現金的流動性是最強的。相比之下，股票、債券、定期存款、黃金、房地產等金融資產，雖然說同樣代表一定的資產價值，而且還有許多優點，比如避免通貨膨脹、收益穩定等。但是這些資金一旦投入，就不容易變現。當你缺錢時，就不是隨時能夠變成現金。

　　投資比例的組合是指，資金在各種金融工具之間的分配情況。這也主要取決於投資者對資金的流動性、收益性和對風險的個人喜好程度。**如果把這種理論運用到股市投資中去，就是要分開投資不同的股票，以減少股市投資風險，獲取利潤。**

　　股票是分長線、短線的，精明的投資者都會明白股票投資組合的好處。組合方式從持有股票的時間長短可以分為：長線為主，短線為輔之組合；短線為主，長線為輔之組合；目標股選擇組合；固定與可變雙重結構組合。所謂雙重結構，是指股票組合中的一部分相對穩定地持有，以熟悉「股性」，另一部分則適時變換以捕捉更大的機會。選擇什麼類型的股票組合，首先決定於你的風險承受能力，同時還應取決於你的時間、經驗及投資環境本身。

長線投資是指買進股票後不立即轉手，而是長期持有，以便享受豐厚收益。長線投資者持有股票的時間起碼在半年以上，其標的當然是目前財務狀況良好又有發展前途的企業。投資者將資金押在了一支精心選擇的中低價股。長線以股價數倍飆升，時間是一～三年為準。關於長線投資，早就有「長線是金」、「長線方能釣大魚」的說法。向來被當成是一種比較成熟的投資理念。

選擇長線投資，就表示長期承擔系統風險、政策風險、上市公司道德風險、擴容風險、金融風險在內的所有風險。風險與收益成正比，風險越大，收益越高正是長線投資的魅力。但是，換一種思路不難發現，其實長線投資風險最小。如果我們也把長線投資比喻為一次路途顛簸的長途旅程，儘管途中要經歷無數次的烏雲蓋頂，暴雨傾盆，但只要中途不下車，就會迎來雲開日出時，安全抵達終點。

但是，做長線投資就需要投資者具有一定的基本面分析和技術分析能力。能夠從眾多的股票中選中價格偏低、重組可能性大、流通性適中、有重大潛力的企業。

正是由於長線投資一直給人一種「道路是曲折的，前途是光明的」的心理暗示，而一旦最後發現，他們的前途其實不光明時，打擊力道也是很大的。無形中增加了長線投資的「心理成本」。

為此，有些人偏向於做中期投資，以一種「醞釀成就」的心態去對待，雖然經常有失敗的經歷，但是成功感和遺憾感同樣會帶來無限的回味。

中線投資，主要靠投資者對整個股票市場行情和個股行情的認知程度，來在短時間內做出買入或賣出的決定。因此，和長線投資的「坐懷不亂」的指導思想不同，中線投資是以「順勢而生」作為指導思想。投資者透過遵循外資、法人的思路來判斷自己的操作。由於外資、法人資金龐大，運作資金炒作一支股票是需要一定時間的。其間歷經底部吸籌、洗盤、拉升和出貨幾個階段。只要有莊，它就一定會拉抬，而中小投資者只要拿到和外資、法人一樣的成本籌碼，耐心持有，等待主力的拉抬，就可以比較輕鬆地賺到錢。

相比之下，短線投資者的心情可謂是「豐富多彩」。在實際操作過程中，投資者必須隨時關注股市行情。短線的股票大多都是處於活躍期的股票，成交量大，股價往往受到主力的操作。外資、法人常在年初打壓吃貨，然後在年末出貨兌現，周而復始。為了實現短期套利，他們只能跟在主力身後追漲殺跌，隨時與主力進行心理博弈。揣摩對了，還可以獲得一定的盈利，但一旦揣摩錯誤，就只好被主力套牢。或是「如坐針氈」的痛苦等待，或是「慘烈悲壯」的割肉逃生！其間的酸甜苦辣又豈是外人所能體會？

可見，無論是長線還是中線和短線投資，想要在股市中存活並且能成為贏家，就少不了對上市公司進行長期而深入的研究，上市公司的素質和生命力是最為關鍵的問題。當選定了一家股票之後，長期投資者在耐心等待財富的降臨的同時，還要隨時注意，自己會不會與財神爺失之交臂；而中線、短線投資者就要像雷達一樣追蹤投資對象，以便正確做出增倉或減倉的投資決策。

其實，三者的日子都不好過。所謂「事無定論」，對哪種方式的選擇，都是有優勢和劣勢的。但是，如果我們從投資的角度來看，想要均衡地「擺平」股票市場固有的高風險性，以及收益性和流動性，一個投資者應該把自己的資金按一定比例投資於這三種方式，千萬不要「偏食」。

用於長線投資的資金，要沉得住氣，要明白你的目的在於「用時間換取豐厚回報」。

用於中、短期的資金，就要投入十二分的精力，要勝不驕敗不餒。要明白，投資的目的在於「用眼光換取勝利的驕傲」。

這些事都跟錢有關

對於廣大投資者，由於投資經驗、投資精力的局限性，往往鼓勵把資金「立足中線，放眼長線」，逐步改變短、中、長線投資組合比重，耐心等待投資機會的出現，將更多的精力投入對已經上市和即將上市的公司的研究，是近階段的投資策略。畢竟，中線的投入成本和心理浮動程度，都相對折中一些，對於普通的家庭來說，它的收益性暫且不說，而中線投資的風險性，也相對更能讓人接受。

「股神」巴菲特的投資哲學

早期的價值概念較為含混，人們還不能明確地、完整地表述價值的經濟學含義，而現代經濟學的價值概念也具有多重性和複雜性。在現實世界裡，價值本身是一個動態發展的概念，按照價值載體的具體形式，它可細分為有形的實物商品價值、無形的勞務價值、單項資產價值（如某種金融投資工具的價值、企業經營中某種資產價值）、企業整體價值（即把企業作為一個獲利整體看待時，所具有的綜合價值）等多種更加具體的概念。

從投資的角度看，企業或某種資產的真實價值應該可以反映企業或相應資產未來的盈利能力，而非企業或某種資產的純粹資產成本或可交易性特點，這就是內在價值概念。

價值投資，是在對影響證券投資的經濟因素、政治因素、行業發展前景、上市公司的經營業績、財務狀況等要素分析的基礎上，以上市公司的成長性以及發展潛力為關注重點、以判定股票的內在投資價值為目的的長線投資行為或戰略投資策略及其具體行為。其真諦是在市場上尋找公司市值或金融投資工具市值跌破其內在價值的機會，進行相應的公司購併、金融投資工具購入並長期持有，以期獲得投資收益。

價值投資討論的價值是經濟價值的概念。從市場交易的角度看，經濟價值的概念是為交換某項資產，或是交換因為使用某項資產而帶來的未來收益的權利，為此所支付的貨幣價值（交換價值）。**一項理性而成功的投資，是指投資者所支付的價格等於或不過於偏離資產真實價值（內在價值）或企業（公司）真實價值。**

華倫・巴菲特成為當今世界最具有傳奇色彩的價值投資專家「世界股神」，他以獨特、簡明的投資哲學和策略，投資可口可樂、吉列、所羅門兄弟投資銀行、通用電氣等著名公司的股票、可轉換證券，並大獲成功。巴菲特的價值投資就是基於對公司基本面的細緻分析，透過使用合適的估值模型，將股票的內在價值予以量化，並與其市場價格進行比較，發掘出被市場低估的股票的過程。這種投資理念及方法大致可概括為四項原則、五項投資邏輯、十二項投資要點、八項選股標準、二項投資方式、三個核心概念。

四項原則。一是企業原則。主要是：一、該企業是否簡單，易於瞭解；二、該企業過去的經營狀況是否穩定；三、該企業長期發展的遠景是否被看好。二是經營原則。在收購企業的時候，考慮主要因素有：一、管理階層是否理性；二、整個管理階層對股東是否坦白；三、管理階層是否能夠對抗「法人機構盲從的行為」。三是財務原則。主要是：一、注重權益回報而不是每股收益；二、計算「股東收益」；三、尋求高利率的公司。四是市場原則。股市決定股價，分析師依各階段的特性，以市場價格為比較基準，重新評估公司股票的價值，並且以此決定是否買賣及持有股票。總而言之，理性的投資具有兩個要素，即：企業的實質價值如何？是否可以在企業的股價遠低於其實質價值時，買進該企業的股票？

五項投資邏輯。一是因為把自己當成是企業的經營者，所以成為優秀的投資人；因為把自己當成投資人，所以成為優秀的企業經營者。二是好的企業比好的價格更重要。三是一生追求消費壟斷企業。四是最終決定公司股價的是公司的實質價值。五是沒有任何時間適合將最優秀的企業脫手。

十二項投資要點。一是利用市場的愚蠢，進行有規律的投資。二是買價決定報酬率的高低，即使是長線投資也是如此。三是利潤的複合增長與交易費用和稅負的避免使投資人受益無窮。四是不在意一家公司來年可賺多少，僅有意未來五至十年能賺多少。五是只投資未來收益確定性高的企業。六是通貨膨脹是投資者的最大敵人。七是價值型與成長型的投資理念是相通的；價值是一項投資未來現金流量的折現值；而成長只是用來決定價值的預測過程。八是投資人財務上的成功與他對投資企業的瞭解程度成正比。九是「安全邊際」從兩個方面協助投資：首先是緩衝可能的價格風險；其次是可獲得相對高的權益報酬率。十是擁有一支股票，期待它下個星期就上漲是十分愚蠢的。十一是就算聯準會主席偷偷告訴我未來兩年的貨幣政策，我也不會改變我的任何一個作為。十二是不理會股市的漲跌，不擔心經濟形勢的變化，不相信任何預測，不接受任何內幕消息，只注意兩點：買什麼股票與買入價格。

八項選股標準。一是必須是消費壟斷企業。二是產品簡單、容易瞭解、前景看好。三是有穩定的經營史。四是經營者理性、忠誠，始終以股東利益為先。五是財務穩健。六是經營效率高、收益好。七是資本支出少、自由現金流量充裕。八是價格合理。

二項投資方式。一是卡片打洞、終生持有，每年檢查一次以下數字：（一）初始的權益報酬率；（二）營運毛利；（三）負債水準；（四）資本支出；（五）現金流量。二是當市場過於高估持有股票的價格時，也可考慮進行短期套利。長期制勝的法寶，則歸結為一條——遠離市場！

此外，巴菲特價值投資還涉及到三個核心概念：

一是安全邊際概念。安全邊際（空間）的定義是：內在價值或真實價值與價格的順差，換一種更通俗的說法——安全邊際（空間）就是價值與價格相比被低估的程度或幅度。根據定義只有當價值被低估的時候才存在安全邊際（空間）或安全邊際（空間）為正，當價值與價格相當的時候安全邊際（空間）為零，而當價值被高估的時候是不存在安全邊際（空間）或安全邊際（空間）為負。價值投資者只對價值被低估特別是被嚴重低估的標的感興趣。安全邊際（空間）不保證能避免損失但能保證獲利的機會比損失的機會更多。

二是特許經營權概念。按照巴菲特的定義「特許經營權」是指公司所提供的產品或服務具有以下特徵：（一）沒有比較接近的替代產品；（二）沒有受到政府的行政管制；（三）具有定價的靈活性，在適當提高它們的產品或服務的價格以後，不會失去市場佔有率，它使得投資可以得到超乎尋常的回報。此外，在經濟不景氣的時候，比較容易生存下來並保持活力；（四）擁有大量的經濟商譽，可以更有效的抵禦通貨膨脹的負面影響；（五）「特許經營權」企業可以忍受無能的管理而生存下來，普遍的企業則不能。

三是投資領域中內在價值或真實價值概念。對於證券投資而言，價值投資行為的實質，就是在一家公司的市場價格相對於它的內在價值大打折扣時買入其股份。內在價值是一個非常重要的概念，它為評估投資和企業的相對吸引力提供唯一的邏輯手段。價值投資概念的核心是對被低估價值的挖掘，所謂的價值發現行情就是對證券內在價值與市場價格之間背離的修正。

這些事都跟錢有關

巴菲特的成功，靠的是一套與眾不同的投資理念，不同的投資哲學與邏輯，不同的投資技巧。在看似簡單的操作方法背後，其實能悟出深刻的道理，又簡單到任何人都可以利用。

找出自己的投資風格

說到股市投機，或者股市投資，許多人總是以為那是很神秘、很艱深、很玄妙的事情，其實不是那麼回事，投資股票其實很簡單。實戰經驗已經顯示，投資股票不需要太多的技術，不需要太高的智商，不需要具有太多的證券交易理論，但是卻需要有較高的悟性和很好的紀律性。

第一，要注重基本面分析

從長期發展的眼光來看，股市的整體趨勢永遠是向上發展的，任何一支股票，只要它的基本面比較好，它的股本規模必然是越來越大的。

以美國股市發展的歷史為例，美國股市從一九二五年到一九七五年，這七十年中，大盤的股本增加了——十三倍。

因此，只要你所選的股票不是一支不可救藥的隨時有可能被下市的垃圾股，買入後放心地持有，進行中長線投資，將來的收益一定不會太差的。**這裡所指的中長線投資，不是一路死死拿住不放，完全不做短線投機。**

第二，價錢要適中

股票的價格高低不是中小散戶所能左右的，因此不要指望能買到最低價，實際上也不可能買到最低價的，只要價錢不是太高，就可以考慮買入了。

所謂逢低布局，指的也不一定是最低價，而是指比較合適的價錢而已。

第三，立場要堅定

所謂風水輪流轉，一支基本面不是太差的股票，價錢又不是太高，它的股價就很有可能在下跌或者停滯了一段時間之後，重新漲起來。

股票的上漲有一定的時間週期，有些股票之所以不上漲，是因為上漲時間未到的緣故。所以，投資者要明白「以時間換空間」的原則，買入一支素質不錯的低價股後，一定要有耐心、有信心持股。任憑主力興風作浪，也應該立場堅定，堅決持股。只要當初買入的理由還沒有完全消失之前，都不要輕易將它拋掉。

實戰經驗顯示，一支股票之所以暫時不上漲，可能是由以下原因造成的：一、可能價格調整還沒有真正到位；二、可能橫盤的時間還不夠長，盤整尚未結束；三、可能主力還沒有收集到足夠的籌碼；四、可能暫時被人們淡忘了；五、可能還不符合當前的市場主流。

然而，股市的情況往往是這樣的，當大家看扁某支股票時，主力便開始行動了，在他們的炒作之下，股價甚至會在短時間內直沖雲霄，上漲幾倍或者十幾倍。所以，投資者應該好好把握，好好選擇，一旦選中了，就要堅定信心，堅決持股。正如美國股票大師歐尼爾所說：「上一年的垃圾股，很可能就是今年的明星股。」股市的情形就是這樣。

第四，要相信市場行為決定一切

市場永遠是變化多端的，某個人的智慧是有限的。比方說，人們常常談論的黑馬股票，就不是僅僅憑藉個人智慧可以尋找出來的。在股市上，僅僅憑著某個人的智慧去發現所謂的黑馬，甚至死死認定它就是黑馬，這樣的做法顯然是很危險的，或者是很愚蠢的。

要知道，所謂的黑馬股票，不是所謂的投資專家發現出來的，而是主力機構和大戶們刻意做出來的。主力既可以製造黑馬，也可以將所謂的黑馬扼殺於萌芽狀態之中。

如果所謂的黑馬專家能夠百分之百地抓住黑馬，怎麼可能將自己的賺錢秘訣輕易地公開？如果主力機構都像黑馬專家說的那麼愚蠢，他們早就該喝西北風了。

不要忘記，投資股市也是一種市場交易行為，市場行為最終需要由市場來決定它的對錯和趨勢。在市場行為面前，某個人的力量是十分渺小的。

透過以上分析，我們不難看出，投資股市所需要的技術其實很簡單，但是建構起屬於自己的投資股市風格卻是一件很難的事。難就難在許多人不相信投資股市其實是很簡單的，偏偏要將簡單的問題複雜化，好像投資股市必須成為具有經濟學家的遠見、會計專家的精確、統計專家的精細、心理學家的堅韌、軍事家的謀略、政治家的權術所組成的怪物才可以成功，這真是天大的誤會。

實戰經驗顯示，投資股市不需要太高的智慧。大多數贏家之所以成為贏家，不是因為他們具有與眾不同的「獨門分析技術」，也不是因為他們具有超人的智慧，而是因為他們善於不斷地學習，敢於相信自己並且建立屬於自己的相對固定的投資風格，以及一套簡樸實用的原則，堅定地相信自己、堅決地執行自己制定的紀律，將自己的風格運用到極致，才是他們成為股市贏家的秘訣。

有一位權威的經濟學家說，經濟學是一門由簡單的常識加上複雜的術語包裝起來的學科。這句話雖然是戲言，卻道出經濟學的真諦。投資股市的原理又何嘗不是如此？

在股票市場上，有許許多多的、大同小異的、流派各異的理論和分析技術，每一種理論和分析技術都有各自的應用原理和實用對象。但是殊途同歸，任何理論和技術的出現，終極目的都是相同的，只是各自的切入點略有不同而已。

作為一位投資者，想要在股市上獲得真正的成功，其實不需要將所有的理論和分析技術都弄通弄透，投資股市不需要那麼多繁文縟節的東西。越是簡單實用的東西，越能夠直截了當實現自己的盈利目標。因此在股市上，往往只需要一種簡單實用的原則，一些最簡單的常識，一套堅決執行的紀律和屬於自己的風格就已經足夠了。

美國林克斯投資顧問公司總裁彼得・泰納斯曾經對全美投資基金做過調查，得出的結論是，大多數大師之所以成為大師，不是因為他們具有過人之處和獨門暗器，而僅僅是因為他們具有一個相對固定的投資風格、一套簡單有效的投資原則，以及堅定地按此去做的嚴明的紀律，這是絕好的佐證。

這些事都跟錢有關

中外眾多的投資股市人士各自所用的方法各不相同，但是有一個方法是相同的：他們都具有自己獨特的炒作風格，這是獲得成功的根本保障。天生我材必有用。你為什麼不將自己的聰明才智發揮到極致？一旦形成自己的風格，你就會明白，投資股市其實真的很簡單。

股票的基本分析法

股票價格是股票在市場上出售的價格。它的具體價格及其波動受制於各種經濟、政治等方面的因素，並且受到投資心理和交易技術的影響。概括起來說，影響股票價格及其波動的因素，主要可以分為兩大類：一個是基本因素；另一個是技術因素。

所謂基本因素，是指來自股票市場以外的經濟、政治因素以及其他因素，其波動和變化往往會對股票的市場價格趨勢產生決定性影響。一般地說，基本因素主要包括經濟性因素、政治性因素、人為操縱因素和其他因素等。

股票在市場上的買賣價格，是每個投資者最關心的問題，自從有了股票市場，各種股票分析專家和資深的投資者，便孜孜不倦地探求分析和預測股價的方法，有些人從市場供需關係入手，演變成股價技術分析方法，有些人從影響股價的因素關係分析入手，形成股價基本分析方法。讓我們來具體研究股價的基本分析方法。

所謂基本分析方法，也稱為基本面分析方法，是指把對股票的分析研究重點放在它本身的內在價值上。股票價值在市場上所表現的價格，往往受到許多因素的影響而頻繁變動，因此一種股票的實際價值很難與市場上的價格完全一致。如果某一天受到一種非常性因素的影響，價格背離價值，又加上某些投資者恐慌心理的烘托，必然會造成股市混亂，甚至形成危機。

如在市場上發現某種股票估價過高，必然競相出手，如另一種股票估價過低，則肯定引起投資者的搶購。影響股票價值的因素很多，最重要的有三個方面：一是全國的經濟環境繁榮還是蕭條。二是各經濟部門如農業、工業、商業、運輸業、公用事業、金融業等各行各業的狀況如何。三是發行該股票的企業的經營狀況如何，如果經營得當，盈利豐厚，則它的股票價值就高，股價相應的也高；反之，其價值就低，股價就低。

基本分析法就是利用豐富的統計資料，運用多種多樣的經濟指標，採用比例、動態的分析方法從研究宏觀的經濟大氣候開始，逐步開始中觀的行業興衰分析，進而根據微觀的企業經營、盈利的現狀和前景，從中對企業所發行的股票做出接近顯示現實的客觀的評價，並盡可能預測其未來的變化，作為投資者選購的依據。由於它具有比較系統的理論，受到學者們的鼓吹，成為股價分析的主流。

這些事都跟錢有關

基本分析法是準備做長線交易的投資人以及「業餘」投資人所應採取的最主要，也是最重要的分析方法。因為這種分析方法是從分析股票的內在價值來入手的，而把對股票市場的大環境的分析結果擺在次位，看好一支股票時，看中的是它的內在潛力與長期發展的良好前景，所以當我們採用這種分析法來進行完預測分析並且在適當的時機購入具體的股票後，就不必耗費太多的時間與精力去關心股票價格的即時走勢。

滑稽的智豬賽局

籠子裡有兩隻豬，一隻比較大，一隻比較小，他們每天要為吃食問題「奔忙」著。因為這是個奇特的籠子，籠子很長，一頭有一個按鈕，另一頭是飼料的出口和食槽，想要好好吃頓「飽飯」，就得從籠子的一頭跑到另一頭。按一下按鈕，將有相當於十個單位的豬食進槽，但是按按鈕以後跑到食槽所需要付出的「勞動」，加起來要消耗相當於二個單位的豬食。現在的問題是按鈕和食槽分置籠子的兩端，按按鈕的豬付出勞動跑到食槽的時候，坐享其成的另一頭豬早已吃了不少。如果大豬先到，大豬可以吃到九個單位，小豬只能吃到一個單位；如果同時到達，大豬吃到七個單位，小豬吃到三個單位；如果小豬先到，小豬可以吃到四個單位，而大豬吃到六個單位。

如果兩隻豬同時按鈕，同時跑向食槽，大豬吃進七個單位，付出二個單位，得益五個單位，小豬吃進三個單位，付出二個單位，實得一個單位；如果大豬按按鈕，小豬先吃，大豬吃進六個單位，付出二個單位，得益四個單位，小豬吃進四個單位，實得四個單位；如果大豬等待，小豬按按鈕，大豬先吃，吃進九個單位，得益九個單位，小豬吃進一個單位，但是付出了二個單位，實得負一個單位；如果雙方都懶得動，所得都是〇。

比較一，負一和四，〇兩列數字，我們知道無論大豬選擇什麼策略，小豬選擇按按鈕，對小豬是一個劣勢策略，應該加以剔除。在剔除小豬按按鈕這個選擇後的新賽局中，小豬只有等待一個選擇，大豬則有兩個可供選擇的策略。在大豬這兩個可供選擇的策略中，選擇等待對大豬是一個劣勢策略，我們再剔除新賽局中大豬的劣勢策略選擇等待。剩下的新賽局中只有小豬等待、大豬按按鈕這個可供選擇的策略。這樣，就得到大豬與小豬賽局的結局：小豬只是坐享其成地等待，每次都是大豬去按按鈕，小豬先吃，大豬再趕來吃。這就是智豬賽局的最後均衡解，進而達到重複剔除的佔優策略均衡。「智豬賽局」的結論似乎是，在一個雙方公平、公正、合理和共用競爭環境中，有時佔優勢的一方最終得到的結果卻有悖於他的初始理性。

智豬賽局聽起來似乎有些滑稽，但其例子在現實中卻有很多。

例如，在股份公司中，股東都承擔監督經理的職能，但是大小股東從監督中獲得的收益大小不一樣。在監督成本相同的情況下，大股東從監督中獲得的收益明顯大於小股東。因此，小股東往往不會像大股東那樣去監督經理人員，而大股東也明確無誤地知道小股東會選擇不監督（這是小股東的佔優策略），大股東明知道小股東要搭大股東的便車，但是大股東別無選擇。大股東選擇監督經理的責任、獨自承擔監督成本是在小股東佔優選擇的前提下，必須選擇的最優策略。這樣以來，與智豬賽局一樣，從每股的淨收益（每股收益減去每股分擔的監督成本）來看，小股東要大於大股東。

這種情況在現實中比比皆是。

比如，在某種新產品剛上市，其性能和功用還不為人所熟知的情況下，如果進行新產品生產的不僅是一家小企業，還有其他生產能力和銷售能力更強的企業。小企業完全沒有必要做出頭鳥，自己去投入大量廣告做產品宣傳，只要採用跟隨戰略即可。

在已開發國家，除了日本和紐約這樣人口稠密的區域以外，大部分家庭都有自己的汽車。人們出行，都要自己開車。在這些地方，公共交通一般不很發達，如果你沒有自己的汽車，往往就會寸步難行。你早就想到一個地方去，因為沒有車子一直未能成行，碰巧某一天你的一位有車的朋友要去那個地方，並且車子有空位，你就可以搭他的「順風車」了結你的宿願。這就是「搭便車」說法的由來。

在美國的大湖地區，可以看到許多燈塔。大航運公司因為船舶多，航班頻密，迫切需要建造燈塔。但是小航運公司在這方面的積極性就比較低。結果大公司花錢建造燈塔，公司從設置燈塔所獲得的效益超過了燈塔的花費，所以這項投資對於大公司是值得的。小公司因此就可以「搭便車」，也得到好處。

在有些企業中，什麼都缺，就是不缺人，所以每次不論多大的事情，加班的人總是越多越好。本來一個人就可以做完的事，總是會安排若干個人去做。這個時候，「三個和尚」的現象就出現了。

在一個組織裡，如果大家都耗在那裡，誰也不動，結果是工作無法完成，挨老闆罵。這些長年在一起工作多年的戰友們，對對方的行事規則都瞭若指掌。「大豬」知道「小豬」一直過著不勞而獲的生活，「小豬」也知道「大豬」總是礙於面子或責任心使然，不會坐而待之。

因此，其結果就是總會有一些「大豬們」過意不去，主動去完成任務。「小豬們」則在一邊逍遙自在，反正任務完成後，獎金一樣拿。

智豬賽局用一句通俗的話來形容就是「槍打出頭鳥」。一個很常見的現象就是在企業中，不論國營企業還是民間企業或是外商公司，在企業內部總會存在各種各樣的小團體。套用組織行為學的專業術語來說，就是存在各種非正式組織。每個團體都代表一部分人的利益，因此不可避免地會產生衝突。

這個時候，每個團體都會推選出各自的代言人。這些代言人是為集體利益（如爭取加薪或增加福利等）做出積極行動的領頭人。但是我們這個時候會發現，被推選為代言人的總是那些胸無城府、意氣用事的人。

然而，群體活動的最大受益者「小豬」們永遠躲在幕後。活動成功了，他們可以毫髮無傷地優先分到一杯羹；如果失敗了，他們也可以發表一些與我無關，我是受害者之類的演講，讓「大豬」成為永遠的犧牲者。從另一個角度來看，懂得智豬賽局對於個人並非是一件壞事。

實際上，作為一個有理性的人，誰都不願意甘冒風險而為他人帶來好處。如果是這種情況，智豬賽局就無法形成。在智豬賽局的模型中，要擺脫大家都無法生存的困境，就要讓雙方的期望值不同，然後由一方做出現象上的讓步。

實際上，讓步的這一方，只是在表面上看起來謙讓，但不是無原則無目的的讓步，絕不像孔融讓梨那樣是出自道德心，而是出自自己理性的盤算和對期望值的估計，然後才採取看似讓步的舉動的。這樣一來，別人看來你是讓步了。因為表面上是如此的，你在不違背自己意願的基礎上，打破困境，實現自己的期望。這看似愚蠢，實則智慧至極。

在智豬賽局裡，利用他人的努力來為自己謀求利益的智者是最大的受益人，因為他不必付出什麼勞動，就可以獲得自己想要的東西。因此，關鍵就在於如何讓對手心甘情願地按照自己的期望去行動。

由此看來，許多人立身處世的態度——各家自掃門前雪，莫管他人瓦上霜，其結局必然是整體利益受到損害。儘管人們只希望自己的行為對自己無害，不想對他人有利。

這些事都跟錢有關

在生活中，不管是先發制人還是「智豬賽局」中的後發制人，不過是一個策略的選擇，而非根本的原則分歧。到底是選擇先發還是後發，在賽局理論中，就要先分析形勢，按照風險最小、利益最大的原則，把風險留給對手，把獲益機會把握在自己手中。

「大豬」和「小豬」的投資

金融證券市場是一個群體博弈的場所，其真實情況非常複雜。**在證券交易中，其結果不僅依賴於單個參與者自身的策略和市場條件，也依賴其他人的選擇及策略。**

例如在「智豬賽局」的情景中，大豬是佔據比較優勢的，但是由於小豬別無選擇，使得大豬為了自己能吃到食物，不得不辛勤忙碌，反而讓小豬搭了便車，而且比大豬還得意。這個賽局中的關鍵要素是豬圈的設計，即踩踏板的成本。

證券投資中也是有這種情形的。例如，當主力在底部買入大量股票後，已經付出了相當多的資金和時間成本，如果不等價格上升就撤退，就只有接受虧損。

所以，基於和大豬一樣的貪吃本能，只要趨勢不是太糟糕，主力一般都會抬高股價，以求實現手中股票的增值。這個時候的小散戶，就可以對該股追加資金，當一隻聰明的「小豬」，而讓「大豬」主力力抬股價。當然，這種股票的發覺不容易，所以當「小豬」所需要的條件，就是發現有這種情況存在的豬圈，並衝進去。這樣，你就成為一隻聰明的「小豬」。

從散戶與主力的策略選擇上看，這種賽局結果是有參考價值的。例如，對股票的操作是需要成本的，事先、事中和事後的資訊處理，都需要金錢與時間成本的投入，如行業分析、企業調研、財務分析。一旦已經付出，機構投資者是不太甘心就此放棄的。小散戶不太可能事先支付這些高額成本，更沒有資金控盤操作，因此只能採取小豬的等待策略。等到主力動手為自己覓食而主動出擊時，散戶就可以坐享其成。

股市中，散戶投資者與小豬的命運有相似之處，沒有能力承擔炒作成本，所以就應該充分利用資金靈活、成本低和不怕被套牢的優勢，發現並選擇那些機構投資者已經或可能坐莊的股票，等著大豬們為自己服務。**由此看到，散戶和機構的賽局中，散戶不是沒有優勢的，關鍵是找到有大豬的那個食槽，並且等到對自己有利的遊戲規則形成時再進入。**

遺憾的是，在股市中，很多作為「小豬」的散戶不知道要採取等待策略，更不知道讓「大豬」們去表現，在「大豬」們拉動股票價格後從中獲取利潤，才是「小豬」們的最佳選擇。作為「小豬」，還要學會特立獨行。行動前，不用也不需要從其他「小豬」那裡得到肯定；行動時，認同且跟隨你的「小豬」越多，則你出錯的可能也就越大。簡單地說，就是不要從眾，而是跟隨「大豬」。

股市中的金融機構要比模型中的大豬聰明的多，並且不守遊戲規則，他們不會甘心為小豬們踩踏板。**事實上，他們往往會選擇破壞這個賽局的規矩，甚至重新建立新規則。**

比如他們可以把踏板放在食槽旁邊，或者可以遙控，這樣小豬們就失去搭便車的機會。例如，金融機構和上市公司串通，散布虛假的利空消息，這就類似於踩踏板前騙小豬離開食槽，好讓自己飽餐一頓。金融市場中的很多「大豬」也不聰明，他們的表現欲過強，太喜歡主動地創造市場反應，而不只是對市場做出反應。

短期來看，他們可以很容易地左右市場，操縱價格，做膽大妄為的造市者。這些「大豬」們不知道自己要小心謹慎、如履薄冰，他們不知道自己的力量不如想像的那樣強大到可以無敵於天下。自然而然地，每一年都會有一些高估自己的「大豬」倒下，倖存的「大豬」在經過優勝劣汰之後會變得更加強壯。不過，無論是多麼強壯的「大豬」，只要過於自信、高估自己控制市場的能力，總會倒下。

這些事都跟錢有關

「家家有本難念的經」，在股市中，「大豬」有「大豬」的難處，「小豬」有「小豬」的難處。儘管「大豬」「小豬」只要瞭解自身處境，採取相應的策略就會成功，然而理性是有限的，確定的成功總是很難獲得。

個人投資的建議

人們投資，總是希望得到比較好的回報。如何投資收益大？專家提出以下建議：

反潮流投資獲益大。美國億萬富翁保爾•蓋提投資致富的秘訣很簡單：別人賣出的時候買進，等到別人都再買的時候賣出。大多數成功的股票投資人，是在股市低迷無人入市時布局，在股市熱鬧中賣出獲利。

投資者具備獨立思考的勇氣和能力，不需要特別的培訓和系統學習，就可以得心應手地應用這種反潮流操作的賺錢方法。當市場喜訊頻傳，經濟報導極為樂觀誘人之時，可能將很快到達股市頂峰，因為這個時候股票價格往往很高，如果沒有持續上漲的理由和政策支持，就應該考慮賣出。市場回升時，不但上市公司利潤增加，股價的上漲往往超過公司利潤的上漲，這個時候在股市低迷或經濟不景氣時，購股的投資者可以獲得豐厚的收入；反之，股市一片賣壓，人們悲觀失望，一切處於低潮時，就是投資良機，因為此時股價往往較低，只要資金尚無較好去處，可以大膽介入買股，然後長期持有必有厚利。

很多投資者從眾心理極強，一窩蜂地買進、一窩蜂地賣出，有時可能賺些小利，但費時間耗精力，動作稍微一慢，或者被套牢，或者割肉賠錢。反潮流買賣股票者，搶先一步買入，搶先一步賣出，輕輕鬆鬆賺大錢，當然這需要非凡的勇氣，以及對經濟大勢和上市企業的瞭解。

投資知識。我們正處在知識經濟的偉大時代，它的到來，既向我們提供前所未有的發展機遇，也向我們提出強有力的挑戰，它要求我們須具備較高的綜合素質和能力，才可以適應社會發展的需要。然而能力和素質從何而來，關鍵是我們要加強自身的不斷學習。所以筆者認為，我們在選擇購買股票、投資債券等諸多家庭理財管道時，切莫忘記了在自身能力和素質的提高上投資，只有這樣，才可以算得上一個聰明的持家理財能手。

根據自己性格選擇投資方式終生受益。

敢冒風險的人投資股票。這種人喜歡刺激，把冒風險看成是浪漫生活中的一個重要內容。他們一經決定，就義無反顧地參與炒股活動，甚至終生不渝。

穩重的人投資國債。這種人有堅定的目標，討厭那種變化無常的生活，不願冒風險，喜歡購買利息較高，但風險極小的國庫券。

腳踏實地的人投資房地產。他們幹勁十足，相信自己的未來必須靠自己的艱苦奮鬥。他們知道，房地產是長期的、最賺錢的投資。

信心堅定的人選擇定期儲蓄。這種人在生活中有明確的目標，沒有把握的事不做，對社會及朋友也守諾言，不到山窮水盡不改變自我。

喜歡投資什麼，或者認為投資什麼好，除了看好投資對象有無投資價值以外，還要看自己的興趣和專長。有些人在房地產市場裡如魚得水，但做股票卻處處碰壁。有些人愛好股市，上路很快，不長時間就小有成就，但對房地產卻提不起興趣，費了九牛二虎之力，仍然找不到竅門。可見，投資者首先必須認識自己，瞭解自己，然後再決定投資什麼，如何投資。

這些事都跟錢有關

投資是每個人想做的事情，又是一門學問，投資者只有從實際出發，腳踏實地，發揮自己的專長，善用自己的智慧，才可以得到比較好的回報。

「投資天才」的警告

著名的投資家吉姆・羅傑斯，被報紙上稱作「投資天才」。一九八四年，羅傑斯在奧地利的股票市場非常不景氣情況下進行投資，到一九八七年春天，羅傑斯在奧地利的股票上漲了四〇〇%或五〇〇%，他曾經被稱為「奧地利股市之父」。同時，羅傑斯在阿根廷、厄瓜多、哥斯大黎加等地的投資都獲得成功。羅傑斯成功的關鍵在於：他新奇的投資方法。

羅傑斯說：「致富的關鍵就在於正確把握供需關係，共產主義者、華盛頓和其他任何人都不能排斥這條法則。」

羅傑斯認為黃金生產是受供需關係影響的，第二次世界大戰後，一盎司三十五美元的黃金價格保持了三十七年。隨著時間的推移，這個價位變得偏低了。因此黃金的生產持續減退很多年。大約三十七年的時間裡，人們不太願意去淘金，開採金礦。

世界市場上的大多數黃金來自南非和俄羅斯，這些地方開採黃金的成本很低。由於黃金價位偏低，所以開始被廣泛用於日常生活，比如用於牙齒和電子。用得多了以後，就出現供小於求的現象，於是黃金就開始漲價。

羅傑斯認為，供需就是價格。價格表述的是供應和需求相交並持續的那個點，所以黃金的投資者只需要搞清楚供應和需求，而不用關心淘金或購金的狂潮，就會成為巨富。

但是很多人都不明白這一點。揭開黃金市場的面紗，拿出商品的曲線圖就會發現，從一九八〇年開始，黃金產量在四十五年中第一次在世界範圍內上去了，從此以後，世界黃金量呈逐年上升趨勢。因為投產一個金礦需要相當長的時間，從有人決定去淘金到選礦再到籌集資金，所有的準備工作完成需幾年的時間。隨著供應越來越多，黃金又將達到飽和的那一天，這完全由供需來決定。

羅傑斯始終認為黃金的購買，與其他的商品的買賣一樣，都受市場的運作規律支配著，沿著一個穩定的價格波動。由於供需平衡被打破，黃金的價格開始上漲，其價格上漲有其合理和合法的原因。

一般的公眾當看到某塊地或某種股票上漲了就知道可以從中大撈一筆，於是就有更多的人跟進，同時還做著發財的美夢。買得早的聰明人，會選擇一個合適的高價位，賣掉他手中的黃金（或是股票和房地產）而美夢成真，另一部分人成全別人的美事，自己卻高位套牢。當有很多人高位買進時，此時的供需平衡又將被打破，新一輪的下跌又將開始，買進—上漲—買進—賣出—下跌，市場就是這樣在價值規律的支配下運行著，輪迴著。黃金這個特殊商品也不例外。

羅傑斯還用石油工業的例子來證明他的這個原則。

二十世紀七〇年代石油價格上漲帶來一系列連鎖反應，一般人都感覺是石油輸出國組織使之上漲的。但他卻說，從一九六〇年起，石油輸出國組織每年都想抬升原油的價格，但是從來沒有成功過，價格總是再一次往下跌。真正的原因要追溯到十九世紀五〇年代。當時最高法院判定美國政府可以管制天然氣的價格。政府管制的結果使得價格低到生產天然氣根本沒有利潤了。到二十世紀五〇年代末及整個六〇年代，美國還很少有天然氣井。

但是與此同時，消費者卻越來越認識到天然氣作為燃料具有很大的優越性，它比石油或煤炭更便宜和更乾淨。這樣，居民也漸漸地轉向了天然氣，但天然氣的開採卻正在急劇下降。到七〇年代初，許多天然氣公司已經沒什麼可供應的了。羅傑斯調查了一系列的鑽井公司，瞭解到他們的商業條件很差。羅傑斯認為，讓這些石油公司破產，並且停止全國範圍內的家庭天然氣消費是不可想像的。

於是，他買了油井的股票和這個行業的所有其他東西，不久以後，石油和天然氣開始瘋漲。當石油從每桶二·八美元漲到每桶四十美元時。整個國家都在從事節能運動：更換小型的轎車，淘汰耗能高的設備。同時，石油和天然氣的開採也進步很大。在這兩個因素的影響下，供需關係又開始向反方向轉化，石油和天然氣及其股票的價格又下跌了。

他又是如何判斷一個行業？**羅傑斯說：「發現低買高賣的機會的辦法，是尋找那些未被認識到或是未被發現的概念和變化。透過變化而且是長期變化，不僅僅是商業週期的變化，尋找一些將會有出色業績的公司，哪怕是經濟正在衰落之時。」**他尋求的變化具體有四種表現：

災難性變化。通常情況是，當一個行業處在危機之中時，隨著兩三個主要公司的破產，或處在破產邊緣，該整個行業在準備著一次反彈，只要改變整個基礎的情勢存在。

現在正紅火的行業，也許已經暗藏變壞的因素。對於這種行業的股票，羅傑斯的通常做法是做空。做空前，一般要經過仔細研究，因為有些價位很高的股票也還會繼續走高。

對於政府扶持的行業，他會作為重點投資對象。由於政府的干預，這些行業都將會有很大的變化。他在某一國家投資時，也往往會把政府支援行業的股票全部買下。

緊跟時代發展，瞄準那些有潛力的新興行業。七〇年代當婦女們開始崇尚「自然美」，放棄甚至根本不化妝時，羅傑斯研究了雅芳實業的股票，並認定儘管當時雅芳的本益比超過七十倍，但發展趨勢已定，公司最終還是不行。他以一百三十美元的價格做空，一年後，以低於二十五美元的價格平倉。

這些事都跟錢有關

根據供需關係來進行投資的方法是非常科學的。因為一個公司或一個行業的收益最終會在消費者身上表現出來，這正是供需關係的一種表現。

「華爾街教父」的投資原則

華爾街是衡量一個人智慧與膽識的場所。班傑明・葛拉漢作為一代宗師，他的金融分析學說和思想在投資領域產生極為巨大的震動，影響幾乎三代重要的投資者，他享有「華爾街教父」的美譽。

葛拉漢認為，風險在股市上是永遠存在的，沒有風險就沒有股市，任何一個投資者想要成功，均需依靠行之有效的技巧來規避風險並進而獲利。

為了避免投資者陷入投資陷阱，葛拉漢在他的著作及演說中不斷地向投資者提出下列原則：

做一個真正的投資者

葛拉漢認為，雖然投機行為在證券市場上有一定的定位，但是由於投機者僅僅為了尋求利潤而不注重對股票內在價值的分析，往往容易受到「市場先生」的左右，陷入盲目投資的誤解，股市一旦發生大的波動，常常使他們陷於血本無歸的境地。謹慎的投資者只在充分研究的基礎上才做出投資決策，所冒風險要小得多，而且可以獲得穩定的收益。

注意規避風險

一般人認為在股市中利潤與風險始終是成正比的，而在葛拉漢看來，這是一種誤解。**葛拉漢認為，透過最大限度的降低風險而獲得利潤，甚至是無風險而獲利，在實質上是高利潤；**在低風險的策略下獲取高利潤，也並非沒有可能；高風險與高利潤沒有直接的聯繫，往往是投資者冒了很大的風險，收穫的只是風險本身，即慘遭虧損，甚至血本無歸。投資者不能莽撞投資，應該學會理智投資，隨時注意對投資風險的規避。

以懷疑的態度去瞭解企業

一家公司的股價在其未來業績的帶動下不斷向上攀升，投資者切忌盲目追漲，應該以懷疑的態度去瞭解這家公司的真實狀況。因為即使是採取最嚴格的會計準則，近期內的盈餘也可能是會計師偽造的，而且公司採用不同的會計政策，對公司核算出來的業績也會造成很大差異。投資者應該仔細分析這些新產生的業績增長是真正意義上的增長，還是由於所採用的會計政策帶來的，特別是對會計報告的附注內容更要多加留意。任何不正確的預期都會歪曲企業的面貌，投資者必須盡可能準確地做出評估，並且密切注意其後續發展。

懷疑產生時，思考品質方面的問題

如果一家公司營運不錯，負債率低，資本收益率高，而且股利已經連續發放幾年，這家公司應該是投資者理想的投資對象。只要投資者以合理的價格購買該類公司股票，投資者就不會犯錯。葛拉漢同時提請投資者，不要因所持有的股票暫時表現不佳就急於拋棄它，而應對其保持足夠的耐心，最終將會獲得豐厚的回報。

規劃良好的投資組合

葛拉漢認為，投資者應該合理規劃手中的投資組合，一般手中應該保持二五％的債券或與債券等值的投資和二五％的股票投資，五〇％的資金可視股票和債券的價格變化而靈活分配其比重。股票的營利率高於債券時，投資者可以多購買一些股票；股票的營利率低於債券時，投資者則應多購買債券。當然，葛拉漢也特別提醒投資者，使用上述規則只有在股市牛市時才有效。一旦股市陷入熊市時，投資者必須賣掉手中所持有的大部分股票，而僅保持二五％的股票。這二五％的股票是為了以後股市發生轉向時所預留的準備。

關注公司的股利政策

投資者在關注公司業績的同時，還必須關注該公司的股利政策。一家公司的股利政策既表現它的風險，又是支撐股票價格的一個重要因素。如果一家公司堅持了長期的股利支付政策，這表示該公司具有良好的「體質」及有限的風險。而且相比較來說，實行高股利政策的公司通常會以較高的價格出售，而實行低股利政策的公司通常只會以較低的價格出售。投資者應該將公司的股利政策作為衡量投資的一個重要標準。

這些事都跟錢有關

一個真正成功的投資者，不僅要有面對不斷變化的市場的適應能力，而且需要有靈活的方法和策略，在不同時期採取不同的操作技巧，以規避風險，獲取高額回報。葛拉漢在股市投資中堅持不懈地奉行自己創立的理論和技巧，並且以自己的實踐證明其理論的實用性和可操作性。

第8章

賽局理論——象棋遊戲的規則

分蛋糕與「談判賽局」

有一家企業在應徵員工的時候，出了一道題目：要求應徵者把一盒蛋糕切成八份，分給八個人，但蛋糕盒裡還必須留一份。面對這樣的怪題，有些應徵者絞盡腦汁也無法分成；有些應徵者卻感到此題實際很簡單，把切成的八份蛋糕先拿出七份分給七人，剩下的一份連蛋糕盒一起分給第八個人，應徵者的創造思維能力就顯而易見了。

分蛋糕的故事，在很多領域都有應用。無論在日常生活、在商界還是在國際政壇，有關各方經常需要討價還價或者評判總收益應該怎樣分配，這個總收益其實就是一塊「蛋糕」。

這塊「蛋糕」如何分配？我們知道最可能實現一半對一半的公平分配的方案，是讓一方把蛋糕切成兩份，而讓另一方先挑選。在這種制度設置之下，因為如果切得不公平，得益的必定是先挑選的一方。所以，負責切蛋糕的一方就得把蛋糕切得公平，這就是著名的最後通牒賽局。

但是，這個方案極有可能是無法保證公平的，因為人們容易想像切蛋糕的一方技術不佳，不小心切得不一樣大的機會很大，進而不切蛋糕的一方得到比較大的一半的機會很大。按照這樣的想像，誰都不願意做切蛋糕的一方。不過，這種因為切蛋糕的技術不佳而可能被對方佔了的便宜，分量相對很小。所以，雖然雙方都希望對方切、自己先挑，但是真正僵持的時間也不會太長，因為僵持時間的損失很快就會比堅持不切而挑可能得到的好處大。也就是說，僵持的結果會得不償失，會出現收益縮水的現象。

在現實生活中，收益縮水的方式非常複雜，不同情況有不同的速度。很可能你討價還價如何分割的是一個冰淇淋蛋糕，在一邊爭吵怎麼分配時，蛋糕已經在那邊開始融化了。

因此，我們在生活中經常會看到這樣的現象：桌子上放了一個冰淇淋蛋糕，小娟向小明提議應該如此這般分配。假如小明同意，他們就會按照成立的契約分享這個蛋糕；假如小明不同意，蛋糕將完全融化，誰也得不到。

現在，小娟處於一個有利的地位：她使小明面臨有所收穫和一無所獲的選擇。即便她提出自己獨吞整個蛋糕，只讓小明在她吃完之後舔一舔切蛋糕的餐刀，小明的選擇也只能是接受只舔一舔，否則他什麼也得不到。在這樣的遊戲規則之下，小明一定不滿足於只能分到九分之一的蛋糕，他一定要求再次分配。這種情況下，分蛋糕的賽局就不再是一次性賽局。

事實上，當分蛋糕賽局成為一個動態賽局時，就形成一個討價還價賽局的基本模型。在經濟生活中，不管是小到日常的商品買賣還是大到國際貿易乃至重大政治談判，都存在討價還價的問題。

在某個朝代，有一個落魄貴族的後代甲，窮困得實在沒有辦法過下去，不得不將家中祖傳的古字畫拿到一個大財主乙家去賣。這副字畫在甲看來至少值二百兩銀子，財主乙認為這副字畫最多只值三百兩銀子。

這樣看來，如果順利成交，字畫的成交價格將在二百~三百兩銀子之間。這個交易的過程不妨簡化為這樣：首先由乙開價，甲選擇成交或還價。這個時候，如果乙同意甲的還價，交易順利結束；如果乙不接受，則交易結束，買賣沒有做成。這是一個很簡單的兩階段動態賽局的問題。

我們應該用解決動態賽局問題的倒推法原理來分析這個討價還價的過程。首先看第二輪也就是最後一輪的賽局，只要甲的還價不超過三百兩銀子，乙都會選擇接受還價條件。回過頭來，我們再來看第一輪的賽局情況，甲拒絕由乙開出的任何低於三百兩銀子的價格，這是很顯然的，比如乙開價二百九十兩銀子購買字畫，甲在這一輪同意，只能賣得二百九十兩；如果甲不接受這個價格，反而在第二輪賽局提高到二百九十九兩銀子時，乙仍然會購買此幅字畫。兩相比較，顯然甲會還價。

細心的讀者可以發現，這個例子中的財主乙先開價，破落貴族甲後還價，結果賣方甲可以獲得最大收益，這正是一種後出價的「後發優勢」。這個優勢在這個例子中，相當於分蛋糕動態賽局中，最後提出條件的人幾乎霸佔整塊蛋糕。

事實上，如果財主乙懂得賽局理論：他可以改變策略，要麼後出價，要麼是先出價，但是不允許甲討價還價。如果一次性出價，甲不答應，就堅決不會再繼續談判，來購買甲的字畫。這個時候，只要乙的出價略高於二百兩銀子，甲一定會將字畫賣與乙。因為二百兩銀子已經超出了甲的心理價位，一旦不成交，一文錢也拿不到，只能繼續受凍挨餓。

在賽局理論中已經證明出，當談判的多階段賽局是單數階段時，先開價者具有「先發優勢」。它是雙數階段時，後開價者具有「後發優勢」。

現實中的討價還價，不也是如此嗎？例如，在大多數零售店裡，賣方會標出價錢，買方的惟一選擇就是要麼接受這個價格，要麼到其他店裡碰運氣。這是一個簡單的「接受或者拒絕（放棄）」的規則。在薪水談判的例子中，情況稍微好一點，工會首先提出一個價碼，接著公司決定是不是接受。假如公司不接受，可以提出一個反建議，或者等待工會調整自己要求的價碼。雙方相繼行動的次序，有時候是由法律或者習俗決定，有時候這個次序本身也會具有策略意義。

談判賽局的一個重要因素在於「時間就是金錢」，假如談判越拉越長，談判的對象——分割的「蛋糕」就會開始縮水。不過，這個時候各方仍然可能不願意妥協，暗自希望只要談成一個對自己更加有利的結果，其好處將超過談判的代價。

狄更斯的文學名著《荒涼山莊》就描述極端的情形：圍繞賈恩迪斯山莊展開的爭執變得沒完沒了，以至於最後整個山莊不得不賣掉，用於支付律師們的費用，而爭執的雙方由於各不相讓什麼也沒有得到。

這些事都跟錢有關

這些例子的共同啟示在於：談判是一種像跳舞一樣的藝術，參與談判的談判者整體應該盡量縮短談判的過程，盡快達成一項協議，以便減少耗費的成本，進而避免損失，維護各自的最大利益。

夫妻之間的賽局模式

大海和阿娟是夫妻。週末到了，要安排什麼節目？週末晚上，轉播美國職棒大聯盟總冠軍賽。大海是個超級球迷，說什麼都不肯放過，也正是在這個週末的晚上，一個著名的芭蕾舞團在該市演出芭蕾舞劇《胡桃鉗》。阿娟最崇尚鋼琴、芭蕾這樣的高雅藝術，對俄羅斯的芭蕾舞更是崇拜得五體投地，她又怎能放過這個難得的機會？

這麼說，一個去劇院看芭蕾舞演出，一個在家看電視不就得了？問題在於他們倆非常恩愛，分開各自度過這難得的週末時光，才是最不樂意的事情。這樣一來，他們就面臨一場溫情籠罩下的賽局。

夫妻倆看電視，一個喜歡看足球，一個喜歡看演出，出現怎樣的情況？想來大致有三種情況：一是兩人爭執不下，你想看球，我偏不讓，我想看演出，你偏不同意，於是，乾脆關掉電視，誰都別看；一是你看球，我到其他地方看演出，或是你看演出，我到其他地方看球；一是其中一方說服對方，兩人同看球或同看演出。結果就會有三種情況，也就是賽局的三種類型：負和賽局、零和賽局、正和賽局。

兩敗俱傷的「負和賽局」。生活中經常會出現這樣的情況，在交往時，由於相互的衝突和矛盾，不能達到統一，交際雙方都不讓步，最後使交際活動不能展開，結果是交際的雙方從中受損，兩敗俱傷，「賽局理論」把這種情況叫「負和賽局」。

如上面所舉的例子，夫妻倆如果互不讓步，乾脆關了電視，這樣造成的後果是，你的心理不能得到滿足，我的情緒也不好，對雙方來說都受到損失；雙方的願望都沒有實現，剩下的只能是夫妻倆生氣冷戰，進而對夫妻感情造成不良影響。

由此不難看出，交際中「負和賽局」，從雙方交鋒的結果看，都沒有所得，或者所得小於所失，其結果是兩敗俱傷。交際中的「負和賽局」，只能加大雙方衝突，使雙方失和。交際發生「負和賽局」，如果是初次相交，就會因為兩敗俱傷而不再交往；如果是朋友，也會因為不斷發生「負和賽局」而逐漸疏遠；即使是夫妻，經常性出現「負和賽局」現象，感情自然會因之受到嚴重影響。

吃掉一方的「零和賽局」。有兩個人合夥做生意，一個有錢出資金，一個有神通疏通關係。在共同努力下，他們的生意很好。那個有神通的人便起了歹心，想獨吞生意。於是，便向出資者提出還了那些資金，這份生意算他一個人的。出資人當然不願意，因此雙方僵持很長時間，衝突越來越尖銳，最後訴諸公堂。那個有神通的人不愧有神通，他在兩人開始做生意時，便已經給對方設下了圈套，在登記註冊時，只註冊他一個人的名字。雖然出資人是原告，卻因對方早就下好了套而輸了官司。結果，他眼睜睜讓對方獨吞了生意而沒有辦法，這就是一種典型的「零和賽局」。

從賽局雙方來看，有神通的人是佔了便宜，他的所得正是出資人的所失。這對神通廣大的人來說，是一時得利，但他這樣的作為，從更深一層意義上看，所得也不一定比所失小。這個獨吞別人利益的人，會讓更多的人不願意也不敢和他交往，最終也會失去那份很好的生意。可見，交際中如果用欺詐行為而侵佔別人的利益，可能會因為欺詐而失去更多。試想一下，有誰願意和一個一心只想著獨吞好處的人交往？

互利互惠的「正和賽局」。有一對夫妻，妻子半身癱瘓，勉強可以拄著拐杖走路，丈夫是個聾啞人士，但他們生活得很幸福，譬如他們要去城裡，丈夫由於不會說話，當然不好交際，所以，如果他們要到城裡買東西，這個聾啞丈夫一定會騎著三輪車，讓妻子坐上，到了要買東西的地方，妻子坐在三輪車上談價錢購貨物，他們從來沒有發生過爭吵。

為什麼？就是他們雖然都有殘疾，但是可以默契配合，所以他們生活得十分快樂，這不是因為他們有多大本領，而是因為他們能互相補充缺陷：妻子走路不方便，丈夫卻有強健的身體；丈夫不會說話，妻子卻有很好的口才。由於他們能取長補短，所以他們在一起仍然生活得十分幸福。這種在交際中能互利互惠的情況，就是「正和賽局」。

可見，所謂「正和賽局」，就是指賽局雙方的利益都有所增加，或者至少是一方的利益增加，另一方的利益不受損害，因而整體的利益有所增加。

由上可以看出，「負和賽局」和「零和賽局」是一種對抗性賽局，或者稱之為不合作賽局；「正和賽局」是一種非對抗性賽局，或者稱為合作性賽局。不難看出，人際交往中要取得良好的效果，一般不應採取對抗性賽局，而應該製造非對抗性賽局。要運用「賽局理論」創造交際新局面，應該注意以下幾個方面的問題：

不要使性負氣，要胸懷開闊。交際中，之所以經常會發生「負和賽局」現象，大多是因為心胸狹窄，遇事愛使性負氣而生。以上所說的夫妻倆，由於意見不統一，個人愛好不同，如果都不容對方的愛好和自己的愛好衝突，便使性負氣，關掉電視，這樣會造成夫妻關係不和，最後弄得兩敗俱傷。如果當時雙方有一個做一些讓步或犧牲，最起碼可以滿足一個人的意願，如果另一方也能胸懷開闊一些，容納對方的愛好，就可以使夫妻感情更和諧，生活更美滿。

在生活中，經常會聽到這樣的話：「這件事情我辦不成，誰也別想辦成」，「這個東西我得不到，誰也別想得到」。以這種想法進入交際情境，必然會出現上面那對夫妻那樣的僵局。如果不使性負氣，而是互相諒解，與人交往採取合作態度，便能使有矛盾和衝突的交際活動朝好的方向發展。

不要見利忘義，要心地善良。如果說人際交往如賽局，「零和賽局」現象的發生，大多是因為有人見利忘義，想吞併對方的利益，這樣的人從一開始便心存惡念，就會用欺詐手段來達到自己的目的。

不要自以為是，要互諒互讓。人和人正常交往，無論在什麼情況下，都要相互適應，在發生矛盾和衝突時，如果能從對方的利益出發，能從良好的願望出發，便能使交際達到互利互惠的「正和賽局」狀態。

人際交往，要達到效益最大化，就不能以自己的意志作為和別人交往的準則，而應該在取長補短、相互諒解中達成統一，達到雙贏的效果。

例如以上所說的夫妻倆，如果有一方能讓步一些，達成一致，都看球或聽音樂，如果能心平氣和，雙方會共同享受足球的刺激或音樂的美妙，在觀看足球或欣賞音樂時，使雙方同時得到快樂，如果能達到這一點，不是更好嗎？

這些事都跟錢有關

交際就是一種特殊的賽局。如果想要讓交際向健康方向發展，就要以非對抗的方式，採取合作的態度，使交際呈「正和賽局」狀態，才可以達到良好的交際效果。

商店位置的賽局結果

愛看電視的人會發現一個很有趣的規律：絕大部分電視台總是將最精彩的節目放在相同的時間段裡進行播放，甚至有時候是在相同時間段播放類似的節目，在同一個時間段裡，幾乎所有的電視台播放的節目都一樣。

和這個現象類似的就是各種商業區的分布。細心的人會發現，在每個大大小小的城市街道上，經常見到一些地段上的商店十分擁擠，形成一個繁榮的商業中心區，但另一些地段卻十分冷清，沒有幾個商業店鋪，好像大家都擠在一個地方做生意似的。

更有意思的是，同類型的商家往往總是會聚集在比較近的地方，比如肯德基、麥當勞之間總是緊緊相鄰。還有人注意到，如果在一條街上有二～三家超市，這幾家超市經常會

「彼此為鄰」，選址離得很近，倘若它們稍微分散地設址於街上，會對市民的購物提供相當的便利。據此，有人認為：超市「擁擠」在一起，是一種浪費資源的不合理布局。

美國的加州葡萄酒歸聚區，包括六百八十家商業釀酒廠，和幾個獨立的用於釀酒的葡萄種植園。此外，支援葡萄酒生產和種植的企業也大量存在，包括葡萄儲存、灌溉收割設備、木桶和標籤等的供應者，以及數量龐大的葡萄酒出版物等。再看一下義大利皮具時裝歸聚區。該歸聚區包括著名的鞋業公司以及大量專業化的鞋類配件、機器、模子、設計服務和鞣好的真皮供應商。它由多條相互聯繫的產業鏈組成，形成一個極為完善的結構。

賽局理論又是怎樣看待這種「聚居」現象？我們以速食店甲和速食店乙在一條公路上的選擇開店位址來說明。

首先可以敘述一個簡單的賽局模型：我們假設有一條完全筆直的公路，連接城市A到城市B之間的交通。這條公路上每天行駛著大量的車輛，並且車流量在公路上是均勻分布的。假設有兩家速食店，不妨假設為速食店甲與速食店乙，它們要在這條公路上選擇一個位置開設速食店，招攬來往車輛。再做一個合乎邏輯的假定：通常情況下，車輛總是樂意到距離自己最近的速食店購買食物。根據這個原則，從資源的最佳配置來看，速食店甲、速食店乙應該分別開在四分之一、四分之三處是最優。

在這種均勻散布的情況下，每家速食店都擁有二分之一的顧客量，同時對於開車的人們整體來說，這種策略的選擇，車輛到速食店的總的距離最短。

但是，速食店甲與速食店乙都是百年老店，自然是精明之至，他們只要手段合法，總是希望自己的生意盡可能地好，至於其他人的生意的好壞則與己無關。他們的行為從經濟學上就是具有經濟理性。

出於這種理性，速食店甲的分店經理在選址時肯定會想到：如果我將店鋪從四分之三點處向左移一點，四分之一點之間的中點不再是二分之一點處，而是位於二分之一點的靠左邊一點。這等於說，這個移位，速食店甲將從速食店乙奪取部分顧客，這對於速食店甲單方面來說一定是一個非常好的主意。當然速食店乙也不甘示弱，速食店乙自然也應該想到將自己的店鋪從四分之一點處向右移動以爭取更多的顧客。

不難想像，雙方賽局的結果，將使他們的店鋪設置在二分之一中點附近，達到均衡狀態，速食店甲與速食店乙相依為鄰，而且相安無事地做起生意。如果我們放寬條件，不是兩家速食店，而是很多家速食店，很容易分析得到結果：這些速食店仍然會在二分之一處設店。

同樣的道理，如果地段的繁華等其他原因，在一條路上都可以認為到處相同，沒有一個商家會將自己安置於某條路的一頭，只要條件許可，超市將幾乎趨向於相依為鄰，這種現象完全可以看成是公正的市場競爭所形成的合理結果。**這就是很多城市商業中心形成的原理，在賽局理論中稱為位置賽局。**

電視台之間在時間段上的重疊問題，在本質上就是位置賽局。事實上，我們只要將時間設想為上述案例中的公路，就不難分析出：市場競爭的結果就是，觀眾青睞的精彩節目將集中在同一黃金時段。在這種情況下，電視台之間的競爭會更加激烈，為了提高收視率，電視台只能在製作品質上努力，最終獲得實惠的仍然是廣大觀眾。

這些事都跟錢有關

位置賽局的最終結果，受惠的是商家和顧客兩個方面，實現一種雙贏的局面。自由市場經濟不但是競爭經濟，它還是合作經濟。現代自由市場經濟不表示大家在競爭中拼個魚死網破，而是可以互贏。

兩隻鬥雞的遭遇戰

某一天，在鬥雞場上有兩隻好戰的公雞發生遭遇戰。這個時候，公雞有兩個行動選擇：一是退下來，一是進攻。

如果一方退下來，而對方沒有退下來，對方獲得勝利，這隻公雞則很丟面子；如果對方也退下來雙方則打個平手；如果自己沒退下來，而對方退下來，自己則勝利，對方則失敗；如果兩隻公雞都前進，則兩敗俱傷。

因此，對每隻公雞來說，最好的結果是，對方退下來，而自己不退，但是此時面臨兩敗俱傷的結果。

不妨假設兩隻公雞如果均選擇「前進」，結果是兩敗俱傷，兩者的收益是負二個單位，也就是損失為二個單位；如果一方「前進」，另一方「後退」，前進的公雞獲得一個單位的收益，贏得了面子，而後退的公雞獲得負一的收益或損失一個單位，輸掉了面子，但沒有兩者均「前進」受到的損失大；兩者均「後退」，兩者均輸掉了面子獲得負一的收益或一個單位的損失。當然，這些數字只是相對的值。

如果賽局有唯一的均衡點，這個賽局是可預測的，即這個納許均衡點就是一事先知道的唯一的賽局結果。但是如果賽局有兩個或兩個以上的納許均衡點，則無法預測出一個結果。鬥雞賽局則有兩個納許均衡：一方進另一方退。因此，我們無法預測鬥雞賽局的結果，即不能知道誰進誰退，誰輸誰贏。

由此看來，鬥雞賽局描述的是兩個強者在對抗衝突的時候，如何能讓自己佔據優勢，力爭得到最大收益，確保損失最小。鬥雞賽局中的參與者都是處於勢均力敵、劍拔弩張的緊張局勢。鬥雞賽局在日常生活中非常普遍。比如，收債人與債務人之間的賽局類似於鬥雞賽局：

假如債權人甲與債務人乙雙方實力相當，債權債務關係明確，乙欠甲一百元，金額可協商，若合作達成妥協，甲可獲九十元，減免乙債務十元，乙可獲十元。

如一方強硬一方妥協，則強硬方收益為一百元，而妥協方收益為〇；如雙方強硬，發生暴力衝突，甲不但收不回債務還受傷，醫療費用損失一百元，則甲的收益為負二百元，也就是不僅一百元債收不回，反而倒貼一百元，乙則是損失了一百元。

因此，甲、乙各有兩種戰略：妥協或強硬。每一方選擇自己最優戰略時都假定對方戰略給定：若甲妥協，則乙強硬是最優戰略；若乙妥協，甲強硬將獲更大收益。於是雙方都強硬，企圖獲一百的收益，卻不曾考慮這個行動會給自己和對方帶來負效益一百。

所以，這場賽局有兩個納許均衡，甲收益為一百，乙收益為〇，或反之，這顯然比不上集體理性下的收益支付，甲、乙皆妥協，收益支付分別為九十、十。也就是債權人與債務人為追求利益最大化，會選擇不合作，從某種意義上說雙方陷入囚徒困境。

因此，這是一個動態賽局，甲在乙選擇強硬後，不會選擇強硬，因為甲採取強硬措施反而結局不好，故甲只能選擇妥協。在雙方強硬的情形下，乙雖然收益為一百，但乙會預期，他選擇強硬時甲必會選擇妥協，故乙的理性戰略是強硬。因此，這個賽局納許均衡實際上為乙強硬甲妥協。

欠債還錢賽局是假定甲、乙實力相當，如實力相差懸殊，一般實力強者會選擇強硬。

戰國思想家莊子講過一個故事：鬥雞的最高狀態，就是好像木雞一樣，面對對手毫無反應，可以嚇退對手，也可以麻痺對手。這個故事裡面就包含鬥雞賽局的基本原則，就是讓對手錯誤估計雙方的力量對比，進而產生錯誤的期望，再以自己的實力戰勝對手。

然而，在實際生活中，兩隻鬥雞在鬥雞場上要做出嚴格優勢策略的選擇，有時候不是一開始就做出這樣的選擇，而是要透過反覆的試探，甚至是激烈的爭鬥後才會做出嚴格優勢策略的選擇，一方前進，一方後退，這也是符合鬥雞定律的。

因為哪一方前進，不是由兩隻鬥雞的主觀願望決定的，而是由雙方的實力預測所決定的，當兩方都無法完全預測雙方實力的強弱，只能透過試探才可以知道了，有時候這種試探要付出相當大的代價。

在現實社會中，以這種形式運用鬥雞定律，卻比直接選用嚴格優勢策略的形式，要常見的多。這也許是因為人有複雜的思維、更多的欲望。

鬥雞賽局進一步衍生為動態賽局，會形成一個拍賣模型。拍賣規則是：輪流出價，誰出的最高，誰就得到該物品，但是出價少的人不僅得不到該物品，並且要按他所叫的價付給拍賣方。

假定有兩人競價爭奪價值一百元的物品，只要雙方開始叫價，在這個賽局中雙方就進入騎虎難下的狀態。因為，每個人都這樣想：如果我退出，我將失去我出的錢，若不退出，我將有可能得到這價值一百元的物品。但是隨著出價的增加，他的損失也可能越大。每個人面臨是繼續叫價還是退出的兩難困境。

這個賽局實際上有一個納許均衡：第一個出價人叫出一百元的競標價，另一個人不出價（因為在對方叫出一百元的價格後，他繼續叫價將是不理性的），出價一百元的參與人得到該物品。

這些事都跟錢有關

一旦進入騎虎難下的賽局，盡早退出是明智之舉。然而，當局者往往是做不到的，這就是所謂「當局者迷，旁觀者清」。

猴子和帽子

有一個賣草帽的人，有一天，他叫賣歸來，到路邊的一棵大樹旁打起瞌睡。等他醒來的時候，發現身邊的帽子都不見了。抬頭一看，樹上有很多猴子，而且每一隻猴子的頭上都有頂草帽。他想到猴子喜歡模仿人的動作，於是就把自己頭上的帽子拿下來，扔到地上；猴子也學著他，將帽子紛紛扔到地上。於是賣帽子的人撿起地上的帽子，回家去了。

後來，他將此事告訴了他的兒子和孫子。很多年之後，他的孫子繼承了賣帽子的家業。有一天，他也在大樹旁睡著了，而帽子也同樣被猴子拿走了。孫子想到爺爺告訴自己的辦法，他拿下帽子扔到地上。可是猴子非但沒照著做，還把他扔下的帽子也撿走了，臨走時還說：「我爺爺早告訴我了，你這個老騙子會玩什麼把戲。」

有一個古董商，他發現一個人用珍貴的茶碟做貓食碗，於是假裝很喜愛這隻貓，要從主人手裡買下。貓主人不賣，為此古董商出了高價。成交之後，古董商裝作不在意地說：「牠已經用慣了這個碟子，就一起送給我吧！」貓主人只說：「你知道用這個碟子，我已經賣出多少隻貓了？」可是他沒想到，貓主人不但知道，而且利用他「認為對方不知道」的錯誤大賺一筆。

這才是真正的「資訊不對稱」。資訊不對稱造成的劣勢，幾乎是每個人都要面臨的困境。誰都不是全知全覺，怎麼辦？首先，為了避免這樣的困境，我們應該在行動之前，盡可能掌握有關資訊。人類的知識、經驗等，都是這樣的「資訊庫」。

這兩個故事告訴我們：我們不一定知道未來會面對什麼問題，但是掌握的資訊越多，正確決策的可能越大。

這和我們之前所說的那些賽局不同。所謂「囚徒困境」、「智豬賽局」、「鬥雞賽局」等各種模型都有一個前提條件——博弈雙方都有共同知識：所有參與者都知道，對方所能採用的策略與各種可能發生的結局。簡單地說，這些賽局都沒有資訊不對稱的情況。

在實際生活中，很多情況下不是都這麼理想化的。人壽保險公司不知道投保人真實的身體狀況如何，只有投保人自己對自身健康狀況才有最確切的瞭解。政府官員廉潔與否，一般的公民不是非常清楚。求職者向公司投遞簡歷，求職者的能力相對而言只有自己最清楚，公司不完全瞭解。最常見的例子就是買賣雙方進行交易時，對交易商品的品質高低，自然是賣方比買方更加瞭解。

之所以有這些資訊不對稱的情況，是因為存在「私有資訊」。**所謂「私有資訊」，通俗地說，就是如果某一方所知道的資訊而對方不知道，這種資訊就是擁有資訊一方的私有資訊。**

說到現在的「資訊不對稱」，到底什麼是「資訊」？

廣義地說，所謂資訊就是消息。對人類而言，人的五官生來就是為了感受資訊的，它們是資訊的接收器，它們所感受到的一切，都是資訊。

然而，大量的資訊是我們的五官不能直接感受的，人類正透過各種手段，發明各種儀器來感知它們，發現它們。資訊可以交流，如果不能交流，資訊就毫無用處。資訊還可以被儲存和使用。你所讀過的書，你所聽到的音樂，你所看到的事物，你所想到或者做過的事情，這些都是資訊。

私有資訊，簡單地說，如商家的產品是否有嚴重缺陷的資訊，這樣的資訊往往只被能接近和熟悉這種產品的人觀察到，那些無法接近這種產品的人卻無從瞭解或難以瞭解。

相反的，如果一則資訊是大家都知道的，或者是所有有關的人都知道的，它就叫做「公共資訊」或者「公共知識」。「私有資訊」的存在導致了「資訊的不對稱性」，也就是某些人掌握的資訊要多於其他的人。

私有資訊的存在，是資訊不對稱情況發生的根本原因。比如一個女孩面對好幾個追求的男生，這些男生的人品、上進心等資訊對於這個女孩來說都是私有資訊，女孩與追求的男生之間就存在資訊不對稱的現象，因此這個女孩到底選擇哪一個男生往往就帶有很大的不確定性。

一般來說，私有資訊指的是現狀，如買賣雙方交易商品的品質狀況、追求女孩的男生人品、健康狀況、求職者的能力等。總而言之，私有資訊是雙方博弈時已存在的事實。在資訊經濟學中，一般把這種關於現存事實特徵的私有資訊，叫做「隱蔽特徵」。

之前所說的私有資訊造成的資訊不對稱是一種事前的資訊不對稱，舉個例子說，消費者到商家去買商品，在購買之前就不清楚商品品質的好壞。

然而，還有一種資訊不對稱是在一定的環境下，博弈的一方無法判斷並且觀察到另一方未來的行為。在資訊經濟學中，這種未來別人難以判斷或觀察到的行為，特別稱為「隱蔽行為」。

比如，一個企業聘僱一個職業經理人，並授予此人極大的權力，然而這個資本所有者無法判斷並觀察到，將來這個經理上任之後是否會偷懶，甚至是將公司的利益據為己有。雇員不能被全天候監督，他欺騙雇主或偷懶的行為不可避免，這種行為就是隱蔽行為。

再如，公務員都宣誓要一心為民，廉潔奉公。但是若無有效的監督機制，公務員徇私就成為一種隱蔽行為。

簡而言之，隱蔽資訊分為兩大塊：是事件（合約）前已經發生的和已經存在的有關事實，就叫做隱蔽特徵；是事件（合約）後發生的有關事情，就叫做隱蔽行為。

正是因為參與賽局者掌握的資訊不完全，往往有很多私有資訊的存在，其決策結果必然會有很大的不確定性。所謂「不確定性」，不管是對未來、現在或過去的任何決策，只要是我們不知道確切的結果的都具有「不確定性」。

不確定性可分為兩大類：主觀不確定性和客觀不確定性。主觀不確定性是指，決策者由於有關資料的缺乏，而不能對事物的態度做出正確的判斷。

這種不確定性的判斷，卻是其他掌握資料的人可以有的。例如：消費者對商品的品質不如生產者更為瞭解，換句話說，商品品質對於消費者更加具有不確定性。

和主觀不確定性相關的資訊常常具有不對稱性，一些人掌握事物狀態的資訊，另一些人缺乏事物狀態的資訊。資訊的不對稱性可以透過資訊的交流和公開以及尋找而消除。

客觀不確定性是指事物狀態的客觀屬性本身具有不確定性，對此，人們可以透過認識去把握不確定性的客觀規律，但是認識本身不能消除這種不確定性。

當存在不確定性時，決策者的決策就具有風險。不確定性和風險有密切的聯繫，但又是兩個不同的概念。不確定性，直觀上很容易理解，一件事情可能出現的結果越多，這件事情就越具有不確定性，結果越不明確（機率分布越分散），不確定性的存在就越顯著。

風險的必要條件是決策面臨不確定性的條件。當一項決策在不確定條件下進行時，其所具有的風險性的含義是：從事後的角度看，事前做出的決策不是最優的，甚至是有損失的。決策的風險性不僅取決於不確定因素之所含不確定性的大小，而且還取決於收益的性質。所以，通俗地說，風險就是從事後的角度來看由於不確定性因素而造成的決策損失。

對個人來說，擁有資訊越多，越有可能做出正確決策。對社會來說，資訊越透明，越有助於降低人們的交易成本，提高社會效率。在絕大部分情況下，我們根本無法掌握影響未來的所有因素，這使得做出確定性的決策變得困難重重。

資訊本身的價值正在於此。賽局參與者一旦掌握了更多資訊，其決策獲得更大收益的可能性就增大。

比如，一個消費者買一部二手手機需要花一千元，這部手機的真實價值也許只有五百元，如果消費者購買了這部手機，就淨損失五百元，如果他和二手手機老闆很熟，請老闆吃頓飯支出一百元，老闆決定給這個消費者一部價值一千二百元的二手手機。

很自然，獲取這部手機真實資訊的價值或資訊成本就是一百元，但是不僅沒有虧掉五百元，反而賺了二百元，一來一往投入一百元的資訊成本，所得到的收益是五百+二百元=七百元。

這些事都跟錢有關

市場參與者的決策的準確性取決於資訊的完整性。準確的決策需要更多資訊的支援，所以資訊的獲取有減少風險的可能性。這就是說，資訊的搜取有可能增加決策者的收益。資訊的價值就可以用獲取資訊後可能增加的收益來衡量。

少數人賽局

美國著名的經濟學專家亞瑟教授，於一九九四年提出少數人賽局這個理論。這個理論模型是這樣的：

有一百個人很喜歡去酒吧，這些人在每個週末，都要決定是去酒吧活動還是待在家裡休息。酒吧的容量是有限的，也就是說座位是有限的。如果去的人多了，去酒吧的人會感到不舒服。此時，他們留在家中比去酒吧更舒服。

假定酒吧的容量是六十人，如果某人預測去酒吧的人數超過六十人，他的決定是不去，反之則去。這一百人如何做出去還是不去的決定？

這個賽局的前提條件做出以下限制：每個參與者面臨的資訊，只是以前去酒吧的人數，因此他們只能根據以前的歷史資料，歸納出此次行動的策略，沒有其他的資訊可以參考，他們之間更沒有資訊交流。這就是著名的酒吧問題，即少數人賽局。

酒吧問題所模擬的情況，非常接近於一個賭博者下注時面臨的情景，比如股票選擇。這個賽局的每個參與者，都面臨一個困惑：如果許多人預測去的人數超過六十而決定不去，酒吧的人數會很少，這個時候做出的這些預測就錯了。

反過來，如果大多數人預測去的人數少於六十，他們因而去了酒吧，則去的人會很多，超過了六十，此時他們的預測也錯了。

因而一個做出正確預測的人應該是，他能知道其他人如何做出預測。但是在這個問題中，每個人預測時，面臨的資訊來源都是一樣的，即過去的歷史，同時每個人無法知道別人如何做出預測，因此所謂正確的預測幾乎不可能存在。

亞瑟教授透過真實的人群以及電腦模擬兩種實驗，得到兩個迥異的、有趣的結果。

在對真實人群的實驗中，實驗對象的預測，呈有規律的波浪狀形態，實驗的部分資料如下：

一開始，去酒吧的人數沒有一個固定的規律，然而，經過一段時間後，人們去與不去的人數之比慢慢呈現出於一〇〇：〇到〇：一〇〇的波浪狀形態。

從上述資料看，雖然不同的參與者採取不同的策略，但是其中共同點是這些預測都是用歸納法進行的。我們完全可以把實驗的結果看作是現實中大多數理性人做出的選擇。

在這個實驗中，較多的參與者是根據上次其他人做出的選擇而做出這次的預測。然而，這個預測已經被實驗證明在多數情況下是不正確的。在這個層面上說明，這種預測是一個非線性的過程。所謂一個非線性的過程是說，系統的未來情形對初始值有強烈的敏感性。

透過電腦的模擬實驗，得出另一個結果：起初，去酒吧的人數沒有一個固定的規律，然而，經過一段時間後，這個系統去與不去的人數之比接近於六〇：四〇，儘管每個人不會固定地屬於去或不去的人群，但這個系統的這個比例是不變的。如果把電腦模擬實驗當作是更為全面的、客觀的情形來看，電腦模擬的結果說明的是更為一般的規律。

生活中，有很多例子與這個模型的道理是相通的，「股票買賣」、「交通擁擠」等問題都是這個模型的延伸。對於這類問題，一般稱為「少數人賽局」。

例如，在股票市場上，每個投資人都在猜測其他投資人的行為，努力與大多數投資人不同。如果多數投資人處於賣股票的位置，你處於買的位置，股票價格低，你就是贏家；你處於少數的賣股票的位置，多數人想買股票，你持有的股票價格將上漲，你將獲利。

在實際生活中，股票投資人採取什麼樣的策略是多種多樣的，他們完全根據以往的經驗歸納得出自己的策略。在這種情況下，股市博弈也可以用少數人賽局來解釋。

「少數人賽局」中還有一個特殊的結論：記憶長度長的人未必一定具有優勢。因為，如果確實有這樣的方法，在股票市場上，人們利用電腦存儲的大量的股票的歷史資料就肯定能夠賺到錢了。但是，這樣一來，人們將爭搶著去購買存儲量大、速度快的電腦了，但是在實際操作中，人們還沒有確定這是一個投資必贏的方法。

「少數人賽局」還可以應用於城市交通。現代城市越來越大，道路越來越多、越來越寬，但交通卻越來越擁擠。在這種情況下，駕駛人選擇行車路線，就變成一個複雜的少數人賽局問題。

實際的城市道路往往是複雜的網路。我們簡化問題，假設在交通高峰期間，司機只面臨兩條路的選擇。這個時候，往往要選擇沒有太多車的路線行走，此時他寧願多開一段路程，而不願意在塞車的地段焦急地等待。駕駛人只能根據以往的經驗，來判斷哪條路比較好走。當然，所有駕駛人都不願意在塞車的道路上行走。因此每個駕駛人的選擇，必須考慮其他駕駛人的選擇。

在駕駛人行車的「少數人賽局」問題中，駕駛人經過多次的選擇和學習，許多駕駛人往往能找到規則性，這是以往成功和失敗的經驗教訓給他的指引，但這不是必然有效的規則性。

在這個過程中，駕駛人的經驗和個人的性格產生作用。有些駕駛人因為有更多的經驗而更能躲開塞車的路段；有些駕駛人經驗不足，往往不能有效避開高峰路段；有些駕駛人喜歡冒險，寧願選擇短距離的路線；有些駕駛人因為保守，寧願選擇有較少堵車但較遠的路線。最終，不同特點、不同經驗駕駛人的路線選擇，決定路線的擁擠程度。

這些事都跟錢有關

少數人賽局這個理論的提出，為解決日常生活中的交通擁擠等問題，提供一個新的思路和方法。

海盜分金

有一個有趣的題目：有一群海盜，平時他們之間一切事都由投票解決。

現在船上有若干個海盜，要分搶來的若干枚金幣。自然，這樣的問題他們是由投票來解決的。投票的規則如下：先由最凶殘的海盜來提出分配方案，然後大家一人一票表決，如果有五〇%或以上的海盜同意這個方案，就以此方案分配，如果少於五〇%的海盜同意，這個提出方案的海盜就將被丟到海裡去餵魚，然後由剩下的海盜中最凶殘的那個海盜提出方案，依此類推。

我們先要對海盜們做一些假設：

一、每個海盜的凶殘性都不同，而且所有海盜都知道別人的凶殘性，也就是說，每個海盜都知道自己和別人在這個決策中的位置。此外，每個海盜都是很聰明的人，都可以非常理智地判斷得失，進而做出選擇。最後，海盜間私底下的交易是不存在的。

二、一枚金幣是不能被分割的，不可以你半枚我半枚。

三、每個海盜當然不願意自己被丟到海裡去餵魚，這是最重要的。

四、每個海盜當然希望自己能得到盡可能多的金幣。

五、每個海盜都是功利主義者，如果在一個方案中，他得到一枚金幣，下一個方案中，他有兩種可能，一種得到許多金幣，一種得不到金幣，他會同意目前這個方案，而不會有僥倖心理。總而言之，他們相信二鳥在林，不如一鳥在手。

六、最後，每個海盜都很喜歡其他海盜被丟到海裡去餵魚。在不損害自己利益的前提下，他會盡可能投票讓自己的同伴餵魚。

現在，如果有十個海盜要分一百枚金幣，結果將會怎麼樣？

這是來自於《科學美國人》中的一道智力題目，原題叫做《凶猛海盜的邏輯》。一般大家都稱之為「海盜分金」問題，它也成為一個著名的賽局理論。

要解決「海盜分金」問題，我們總是從最後的情形向前推，這樣我們就知道在最後這一步中什麼是好的和壞的策略。然後運用最後一步的結果，得到倒數第二步應該做的策略選擇，依此類推。要是直接從第一步入手解決問題，我們就很容易因這樣的問題而陷入思維僵局：「要是我做出這樣的決定，下面一個海盜會怎麼做？」

以這個思路，先考慮只有二個海盜的情況（假設所有其他的海盜，都已經被丟到海裡去餵魚了）。不妨記他們為A和B，其中B比較凶殘。B的最佳方案當然是：他自己得一百枚金幣，A得〇枚。投票時，他自己的一票就足夠五〇％了。

往前推一步。現在加一個更凶猛的海盜C。A知道──C知道──如果C的方案被否決了，遊戲就會只由A和B來繼續，而A就一枚金幣也得不到。所以C知道，只要給A一枚金幣，A就會同意他的方案（當然，如果不給A一枚金幣，A反正什麼也得不到，寧可投票讓C去餵魚）。所以C的最佳策略是：A得一枚，B什麼也得不到，C得九十九枚。

D的情況差不多。他只要得兩票就可以了，給B一枚金幣就可以讓他投票贊同這個方案，因為在接下來C的方案中，B什麼也得不到。E也是相同的推理方法，只是他要說服他的兩個同伴，於是他給每個在D方案中什麼也得不到的A和C各一枚金幣，自己留下九十八枚。

依此類推，最終J的最佳方案是：他自己得九十六枚，給每個在I方案中什麼也得不到的B、D、F和H各一枚金幣。

結果，「海盜分金」最後的結果是A、B、C、D、E、F、G、H、I、J各可以獲得〇、一、〇、一、〇、一、〇、一、〇、九十六枚金幣。

在「海盜分金」中，任何「分配者」想讓自己的方案獲得通過的關鍵是，事先考慮清楚「挑戰者」的分配方案是什麼，並用最小的代價獲取最大收益，拉攏「挑戰者」分配方案中最不得意的人們。

真是難以置信。J看起來最有可能餵鯊魚，但他牢牢地把握住先發優勢，結果不但消除了死亡威脅，還獲得最大收益。A看起來最安全，沒有死亡的威脅，甚至還能坐收漁人之利，但是因為不得不看別人臉色行事，結果連一小杯羹都無法分到，卻只能夠保住性命而已。

其實，什麼事情都是先手比較有優先決斷權。歷朝歷代的農民起義、爭鬥不休的宮廷政變、企業內部成幫結派的明爭暗鬥、辦公室腳下使計的公司政治，哪一個得勝者不是用「強盜分金」的辦法，他們都是以最小的代價獲得最大的收益，拉攏「挑戰者」分配方案中最不得意的人們，而打擊「挑戰者」。

當老大是不容易的，企業家就是要把各方面「擺平」。任何「分配者」想讓自己的方案獲得通過的關鍵是，要事先考慮清楚「挑戰者」的分配方案是什麼，並用最小的代價獲取最大收益，拉攏「挑戰者」分配方案中最不得意的人們。

為什麼革命者總是找窮苦人？因為他們是最失意的人。為什麼企業中的主事者，在整頓內部人事控制時，經常是拋開次要人物，而與會計和出納們拉攏關係？這正是因為公司裡的小人物好收買，而次要人物卻總是野心勃勃地想著取而代之。

海盜J就相當於公司老闆。假如你作為老闆，擁有最先分配權，就看你是否仁厚或是黑心，你有權獨吞所有共同成果，也可以合理分配讓大家滿意，如果你過於貪婪，就要承擔被夥伴推翻的風險，如果你不想冒險，就放棄部分利益以求共存。當然「海盜分金」的蘊含假設，是所有海盜的價值取向都是一致的，理性的。在現實生活背景下，海盜的價值取向不是都一樣，有些人的脾氣是寧可同歸於盡都不讓你獨佔便宜，有些人則只求安穩，不計較利益。

所以，這十個海盜換成不同性格的人，在不同的位置都有可能影響結果。作為海盜J，還必須對夥伴們的性格瞭若指掌，根據其性格特點和價值觀進行深入研究和策略分析，才可以因地制宜，設計出最合適的分配方案，這是沒有什麼公式套用的。

和老闆領導管理團隊一樣，要賺取最大化的利潤又不能使自己的平台不至於垮掉，就必須對自己的下級進行深入研究，制定相應合理的分配方案，才可以獲得最大的成功。

這些事都跟錢有關

在「海盜分金」賽局中，還存在一個富有哲學意義的命題。那就是生命與金錢孰重孰輕？如果沒命，要錢還有何用？所以首先是考慮自身的安全，當你身上只要還有一枚金幣，其他海盜們就會貪圖你這枚金幣，怎麼辦？除非什麼都不要，剩下一百枚金幣讓其他九個人平分。如果其他海盜都願意以最小的代價（即九人內部不願意再發生爭執）換來最大的利益，這個方案就沒有問題，但遺憾的是自己的利益就徹底喪失。

第9章

博弈原則——生活中的象棋遊戲

所羅門的聰明判決

所羅門國王判決的故事取自《聖經》，其大意如下：兩位母親都說自己是孩子的真正母親，但是實際上只有一個是。當她們爭執不下時，請求所羅門國王進行判決。所羅門國王拿出一把劍，聲稱要將孩子一分為二。

這個時候，真母親不忍心看著自己的孩子被殺掉，因此提出寧願將孩子判給對方。假母親則覺得反正自己得不到，所以同意殺嬰。所羅門國王透過比對她們的表現，就知道願意讓出孩子的母親才是真正的母親，於是宣布把孩子判給這位真正的母親。所羅門王用自己的智慧，解決這個難題。

但是，把這個故事的條件變一下，兩位母親如果是學過經濟學的專家，事情會截然相反，所羅門王的這個方法根本不能識別出誰是真正的母親，為什麼？

我們給兩位母親分別命名為安娜和貝斯。假定安娜是孩子的真母親，所羅門王提出要將孩子一分為二時，安娜當然不會同意，而寧願將孩子讓給貝斯。貝斯如果理性地猜測到所羅門國王的「苦肉計」，她完全可以假裝痛苦地表示寧願將孩子「讓」給安娜。現在的情況變成兩個母親都願意將孩子判給對方，問題又回到原點。不管所羅門國王殺嬰的恐嚇是否可信，他現在都無法判斷誰是孩子的真實母親。聰明的所羅門國王遇到更聰明的經濟學家，所以他失敗了。

所羅門國王的故事，在流行的賽局理論、契約理論、機制設計理論中被多次引用，因為經濟學家們發現透過這個故事可以向大眾炫耀經濟學的巨大魅力。但是到底能不能幫助所羅門國王成功地判別出真正的母親，經濟學家們沒有取得一致意見，而且正反兩方是截然對立。為了向讀者闡述不同學派對這個問題的解決辦法，讓我們更正式地將所羅門國王的判決故事表述如下：

毫無疑問，兩位母親都清楚誰才是真母親，這對她們而言是一個共同知識，或者說她們之間關於誰是真母親的資訊是雙方對稱的。

但是，由於缺乏可信的鑑定技術（例如DNA技術），這個資訊是無法向第三方（比如所羅門國王）證實的。如果我們把兩位母親與孩子的真實關係看作是一個隱含的契約，這個契約用經濟學的行話來說，就是典型的「不完全契約」。經濟學的問題是，這種不完全契約可以履行嗎？

用所羅門國王的辦法顯然是不能履行的。因為如果參與賽局的兩位母親預期到，所羅門王會透過她們對殺嬰的反應這個信號來做出判斷，她們就不會發出對自己不利的信號。於是，不管對方的策略是什麼，一旦所羅門王決定殺嬰，將孩子讓給對方都是一個優策略，而表示接受殺嬰都是一個劣策略。可以證明，這個賽局沒有均衡解，就是說這個問題不會有解。

為了幫助所羅門國王找出真母親，經濟學家可以說是絞盡腦汁，他們在故事發生了幾千年後的今天仍在為此問題爭論不休。基本上，可以把爭論的正反雙方概括為「完全契約學派」和「不完全契約學派」。

完全契約學派認定，透過設計合適的機制可以履行這個契約，找出真正的母親；完全契約學派則堅信，由於契約天生的不完全性，永遠不可能找出真正的母親。

到底能不能找出真正的母親？

有兩位經濟學家幫助所羅門國王設計一個精巧的機制。這個機制是這樣的：將兩位母親關進兩個小黑屋，讓她們彼此聽不到對方的聲音。然後分別要求她們大聲說出誰是孩子的真母親，如果兩人意見不一致，所羅門王會將她們都殺掉。如果她們都說是其中一個人的，比如說安娜的，安娜得到孩子；但是，如果她們說出孩子母親的聲音大小不同，比如安娜說「孩子是安娜的」的聲音不如貝斯的大而持久，所羅門王覺得煩躁，就會將孩子一分為二。

在這麼複雜的機制下，能推斷出什麼後果？可以證明，在剔除劣策略之後，均衡的結果有兩種：一種是雙方都說孩子是真母親的，另一種是雙方都說孩子是假母親的，兩種情況下雙方都將用最小的聲音說出某位母親的名字。

因此，孩子雖然可以判出去，卻無法確知誰是真正的母親。這個精巧機制儘管幫助所羅門國王擺脫了麻煩，但是卻沒有解決實際問題。

還有一種假設。假定兩個母親都非常富有，無財富約束。假定真母親對孩子的出價總是比假母親高一點，因為那畢竟是她的親骨肉，所以她就是傾家蕩產也要買回孩子。假定安娜是孩子的真母親。現在，讓我們設計一個多階段的完全資訊賽局：

■ 所羅門國王先詢問安娜，問是不是她的孩子。如果說不是，就把孩子判給貝斯，賽局結束；如果說是，就進入第二輪。

■ 所羅門國王詢問貝斯，貝斯如果說是安娜的，孩子判給安娜，賽局結束；如果說不是，安娜必須向所羅門王繳納罰款X，同時貝斯表示願意為孩子給出價格A，進入第三輪。

■ 所羅門國王問安娜是否競價，如果不願意，孩子以A的價格判給貝斯；如果競價，安娜出價B，貝斯向所羅門王交付罰款X，進入下一輪。結果，因為真母親安娜的最終出價B總是高於假母親貝斯的出價A，所以可以保證安娜得到孩子。如果貝斯預期到這一點，她完全沒有必要浪費罰金去跟安娜爭，所以理性的她，一開始就應該承認孩子是安娜的。

這個機制是一個「子賽局完美均衡」，是可以實現的。但是，也可能會出現這樣的情況：如果競價是不可證實的、秘密的，這個罰款的機制就會無效。又或者，如果允許兩位母親之間進行再談判，一旦假母親參與了競價而最終面臨損失時，她完全可以秘密地去找真母親，願意補償她交給所羅門國王的罰款，這種當事人之間的合謀會導致罰款失效。儘管在這個故事中孩子的母親沒有損失也沒有收益，但是一旦把這個隱含的契約轉化為生產性契約，就表示產品的提供方沒有任何動機投資於交易。一個沒有投資的契約是沒有價值的。所以，如果允許再談判，機制設計的再精巧也沒有用。而且，憑什麼假定雙方具有無窮財富？萬一真母親比假母親窮困，豈不是欺負窮人？

分析來分析去，我們還是沒有辦法幫助所羅門國王找到孩子的真正母親。**幸運的是，隱性契約學派至少提出一個或許可行的辦法：聲譽。**考慮一下，同在一個地方生活，誰敢在孩子這麼重要的問題上欺騙他人？除非她不想在村裡混下去。

這些事都跟錢有關

要相信聲譽的力量，就跟相信「善有善報，惡有惡報」一樣。這是一種信念和道德。它是我們的現代社會最缺失最需要建立的一種東西。

騙子、傻瓜、小氣鬼

生物學家運用經濟學的賽局理論，證明一個道理，即不求報答、絕對利他的種群，即使一開始存在，但是隨著賽局的多次進行，也將走向滅絕。

假定某個組織中的所有成員都不能自己抓自己頭上的蝨子。假定B頭上有一隻蝨子，A為他剔除掉。不久以後，A頭上也有了蝨子，A當然去找B，希望B也為他除掉，作為回報。結果，B嗤之以鼻，掉頭就走。得出B是個騙子。

假設一個生物種群中的個體採取兩個策略——傻瓜策略和騙子策略中的任何一種。傻瓜可以為任何人梳理頭上的蝨子，而不問對象是誰，只要對方有需要。騙子只接受傻瓜的利他行為，但是不為別人服務。

在這兩種策略的賽局中，傻瓜基因很快就要被擠掉。如果生物種群中騙子所佔的比例達到九〇%時，因為只有很少的人為別人梳理頭部而導致寄生蟲的大量繁殖，就沒什麼東西能夠阻止傻瓜的滅絕，而且整個生物種群大概也難逃覆滅的厄運。

現在讓我們假設還有第三種稱為小氣鬼的策略。小氣鬼願意為沒有打過交道的個體抓蝨子，而且為他抓過的個體，他更不忘報答。

可是，哪一個騙了他，他就要牢記在心，以後再不肯為這個騙子服務。**生物學家證明，小氣鬼策略是一種生物進化上穩定的策略，小氣鬼優越於騙子或傻瓜，因為小氣鬼佔多數的種群中，騙子或傻瓜都難以逞強。**同樣，在騙子佔大多數的生物種群中，小氣鬼或傻瓜也難以逞強。

生物學家對三種策略的賽局進行電腦模擬。開始模擬時，傻瓜佔大多數，小氣鬼佔少數，騙子也屬於少數，與小氣鬼的比例相仿。騙子對傻瓜進行無情的剝削，先在傻瓜種群中引發劇烈的崩潰。騙子的激增隨著最後一個傻瓜的死去而達到高峰。這個時候，騙子還要應付小氣鬼。在傻瓜激劇減少時，小氣鬼在日益取得優勢的騙子的打擊下也緩慢地減少，但仍能勉強地維持下去。在最後一個傻瓜死去之後，騙子不再能夠跟以前一樣隨心所欲地進行剝削。小氣鬼在抗拒騙子剝削的情況下開始緩慢地增加，並逐漸取得穩步上升的勢頭。接著小氣鬼突然激增，騙子從此處於劣勢並逐漸接近滅絕的邊緣。

由於處於少數派的有利地位，所以受到小氣鬼懷恨的機會相對地減少，騙子這個時候得以苟延殘喘。不過，騙子的覆滅是不可挽回的。他們最終慢慢地相繼死去，留下小氣鬼獨佔整個種群。

根據以上模型，只要一個騙子，利他主義的「傻瓜」的存在，將帶來組織內騙子的繁榮和組織的覆滅。小氣鬼策略是組織的穩定策略，它的含意「互惠」，是相互報答和感恩，因此也可以說是互惠利他或互惠自私，就像市場中的那種情況一樣。假如大家把相互清除寄生蟲作為「憲法」固定下來，這個組織就有一個道德共識。

「傻子」在這個世界一定是無法生存的，因為「傻子」代表「利他」，而「利他」必須「損己」，在一個資源稀缺的世界，任何「利他」行為都是以「損己」為代價的，可以說「利他」的機會成本就是「損己」，而「損己」的極致就是讓出你的生存空間給別人。

所以，最後的結局，一定是「利他」的「傻子」逐漸地消失，而「騙子」在「傻子」消失之後由於沒有了其生存的依託也將自然地走向消失。

最後，這個世界的生物種群就構成一個由「小氣鬼」所組成的「食物鏈」——現實存在的世界。當然，「傻子」和「騙子」並非完全消失，即「小氣鬼」有時也會偶爾地充當一回「傻子」和「騙子」。

比如說，有人對你說「你應該『利他』」，你一定是碰到了一位「騙子」，他無非是想佔你的便宜而已，如果你信了他的話，你也就充當了一回「傻子」。

這些事都跟錢有關

在這個賽局模式中，由於小氣鬼把握的原則是「互惠」，給出的「無償」機會只有一次，不會有第二次，迫使其對手不得不採取同樣的交易規則，否則交易就會中斷，不可能延續。於是，社會或市場就出現走向公正而有序的轉機。

猴群的賽局

有一群猴子被關在籠子裡，在籠子裡的上方有一條繩子，繩子拴著一個香蕉，繩子連著一個機關，機關又與一個水源相連。

猴子們發現了香蕉，有猴子跳上去搆這個香蕉，當猴子搆到時，與香蕉相連的繩子帶動了機關，於是一盆水倒了下來，儘管搆到香蕉的猴子吃到了香蕉，但其他猴子被淋濕了。這個過程一直重複著。

猴子們發現，儘管有猴子吃到香蕉，但吃到香蕉的猴子是少數，其餘的大多數猴子都被淋濕。經過一段時間，有一夥猴子自覺地行動起來，有猴子去抓香蕉時，牠們就揍那個猴子，久而久之，猴子們產生合作，再也沒有猴子敢去取香蕉。

我們可以看到，在這個故事裡，猴子之間產生「道德」。如果這群猴子構成一個社會，牠們也繁衍下一代，牠們會將牠們的經歷告訴下一代，漸漸地猴子們便認為取香蕉的後果對其他猴子不利，進而認為去取這個香蕉是「不道德的」，牠們也會自動地懲罰「不道德的」猴子。

雖然這只是一個故事，但這個賽局故事卻反映人類的道德的產生過程。

經濟學家霍布斯認為，人類在沒有任何約束的自然狀態中，就是「人與人之間像狼與狼一樣」，是「每個人對每個人的戰爭」。在這種狀態中，每個人都力圖保護自己的利益，並企圖佔有別人的東西，此時，每個人是每個人的敵人。此時沒有任何規則，沒有財產，沒有正義或不正義，只有戰爭。武力與欺詐是戰爭中的兩大基本德性。因此人類在自然狀態下無法產生文明。

人類道德的產生一般有兩種解釋：一是純文化因素產生作用，有些國家道德程度高，有些國家則低。如北歐人之間的道德感高於義大利人的道德感。二是宗教信仰的原因，怕上帝懲罰你，所以有宗教信仰的人道德感就要強於一般人。如在美國，教會的人道德感比較強，因為他們認為若不道德，將來會進地獄。在這種解釋中，道德是外界強加於人們的，使人們不違約。

經濟學中的賽局理論又是如何解釋道德的產生？

與國家一樣，道德也是對某些不合作行動的懲罰機制。這種機制的出現使得人類從囚徒困境中走出來，人的正義與非正義的觀念產生道德感。

道德感自然地使得人們對不道德的或不正義的行為譴責，或者對不道德的人採取不合作，進而使得不道德的人遭受損失。這樣，社會上不道德的行為就會受到抑制。因此，只要社會形成道德或不道德、正義或非正義的觀念，就會自動產生調節作用。籠子裡的一隻猴子A在無意中碰到香蕉，理所當然地會受到其他猴子的毆打，因為牠違反猴群的道德標準。

道德可以打破囚徒困境的難題，化解個人理性與社會群體理性的衝突，維繫整個社會經濟體系的穩定與發展。

這些事都跟錢有關

道德約束也有其自身的局限性。它對不道德的行為的抑制是有限度的，當不道德的行為帶來的利益大於道德的滿足時，道德約束的作用就會失效。因此，在道德之外，又產生法律來約束人們的行為。

餐廳裡的賽局合謀

一日，同宿舍的小強、小明、小力去學校餐廳吃飯。飯至中途，忽感無味，於是商量買點小菜解解饞。然而，由誰出錢？由誰排隊？這是一個不小的難題。一番議論之後，決定玩「剪刀、石頭、布」遊戲，由前兩個輸者出錢，最後獲勝者排隊。

經過幾輪激烈的角逐，小強和小力先後敗下陣來，於是無奈地從口袋中掏出錢，交給笑容滿面的小明。不久，誘人的豬肉和牛肉端上桌來，眾人一陣瘋搶，轉眼間只剩兩只空碟。這個時候，小強提議再來一次，輸者請喝飲料。小明猶豫了一下，終於點頭同意。就在這個瞬間，小強悄悄地伸出兩根手指頭，小力心領神會。一聲「開始」，兩把剪刀齊刷刷落下，剪向小明那只寬大的手掌。他雖然滿腹疑惑，但還是乖乖地去買飲料。

這個故事蘊含許多經濟學的道理。為什麼小明在猶豫之後加入遊戲？為什麼遊戲規則最後會失效？為什麼小強和小力的預謀能夠成功？這些都可以從經濟學的角度加以解釋。

首先，小強、小明和小力敢於參加這個遊戲，是基於自身的成本——收益分析。在遊戲尚未進行時，每個人的預期收益——豬肉，是基本固定的。根據平時的相處，每個個體對其他人的性格都瞭若指掌，判定不會出現某個人搶佔所有豬肉的情況。三個人平分豬肉，這是眾人日常博弈的最優結果。至於成本，在沒有決定由誰出錢之前，是不確定的。每個人在遊戲時都假設出錢的不是自己，因而在成本——收益分析時，得出自身會得到收益的結論，遊戲因此得以進行下去。

其次，在第二回合的遊戲中，小明認為自己在第一回合獲得全勝，繼續參加遊戲，最壞的結果也不過是出錢買飲料。若不參加比賽，可能會被定性為沒膽量。這對於一個男生來說是非常不能容忍的，可能造成名譽上的損失和心理上的壓力。事實上，小明忽略一個問題：排隊等候也是一種成本，但是不以金錢的形式存在。他在計算自身成本時沒有加上這個部分成本。

其三，小明在參加第二回合的遊戲時，曾假設遊戲中各主體的資訊是不完全的和不對稱的。不完全，是指每個人都不可能獲知遊戲的結果如何。不對稱，是指每個人都不可能獲知其他人出什麼手勢。這個時候，任何個人擁有了完全資訊，或任何兩個人知道了對方的出牌，將獲得超常收益。小強和小力達成協定，修改既定的遊戲規則，在賽局中就處於優勢地位。遊戲規則本來是公平的，由於在執行中產生機會主義行為，結果就出現偏離。

其四，在小強和小力的合作中，存在一種相互信任的關係。小強在向小力出示手勢時，已經假定小力是可以信賴的。反之，小力看到他的手勢，可以認同，也可以反其道而行之，出示其他手勢。這個契約能否達成，關係到遊戲中誰勝誰敗。在賽局中，小力和小強站到同一立場，這和他們利益的一致性不無關係。

這些事都跟錢有關

在賽局中進行合謀，是需要一定的條件的，即合謀雙方的利益是一致的，只有這樣，合謀才有成功進行的可能。

蘇格拉底與麥穗理論

「麥穗理論」來自於一個故事：古希臘哲學導師蘇格拉底的三個弟子曾求教老師，怎樣才可以找到理想的伴侶。蘇格拉底沒有直接回答，卻讓他們走麥田埂，只許前進，且僅給一次機會選摘一支最美最大的麥穗。

第一個弟子走幾步看見一枝又大又漂亮的麥穗，高興地摘下了。但是他繼續前進時，發現前面有許多比他摘的那枝大，只得遺憾地走完了全程。

第二個弟子吸取教訓。每當他要摘時，總是提醒自己，後面還有更好的。當他快到終點時才發現，機會全錯過了。

第三個弟子吸取前兩位的教訓。當他走到三分之一時，即分出大、中、小三類，再走三分之一時驗證是否正確，等到最後三分之一時，他選擇屬於大類中的一枝美麗的麥穗。雖然這不一定是最大最美的那枝，但是他滿意地走完全程。

西方的擇偶觀裡有一個和這個故事相似的「麥穗理論」，是說一個人在尋找伴侶時如同走進了一個麥田，一路都看見麥穗，很多人不知道摘取哪一枝，因而就會有躊躇與彷徨，遺憾與悲傷。正常人再花心，他或她也得選擇一枝來陪伴自己的旅程。當然，不排除有極少數人會在短短的一生裡一換再換。

我們不妨假設有二十個合適的單身男子都有意追求某個女孩，這個女孩的任務就是，從他們當中挑選最好的一位作為結婚對象，決定跟誰結婚。從這二十個裡面選出最好的一個並非易事，應該怎麼做才可以爭取到這個結果？

首先要考慮的是約會時對對方真實性格、人品的判斷。

約會時，男女雙方一開始都是展示自己的優點，掩蓋自己的不足。當然，他們都想瞭解對方的一切，不管是優點或是缺點。然而，每個人都是理性的，任何一方在約會時都會掩藏自己的缺點。

對於每個人來說，在擇偶的時候，都要仔細思考所面臨的情形，並且力圖發現哪些是真實的，哪些只是為了獲得良好印象而偽裝出的。

對於一個女孩來說，男朋友贈送的鮮花是相對廉價的，而貴重的鑽石、金錶、項鏈等禮物也許更能代表一個人的真心。這不是因為值多少錢的原因，這是一個人樂意為你奉獻多少的可靠證明。

然而，禮物值多少「錢」對於不同的人是有差異的。對一個身價億萬的有錢人來說，送上一顆名貴鑽石可能比帶你遊山玩水的價值要低的多。反之，一個窮小子，花了大量時間辛勤工作，買上一顆鑽石的價值就要高得多。

你也應該意識到，你的約會對象同樣地會對你的行為挑撿一番。因此你得採取能真正代表你具有高素質的行為，而不是誰都學得來的那些行為。

探詢、隱藏和發現對方內心深處的想法，不僅在初次約會時很重要，在整個關係發展的過程中都很重要。

很明顯，最好的方法是和這二十個人都接觸一遍，瞭解每個人的情況，經過對比篩選，找出那個最適合的（不一定是優秀的）人。

然而在現實生活中，一個人的精力是有限的，不可能花大把大把的時間去和每個人都交往。不妨假定更加嚴格的條件：每個人只能約會一次，而且只能一次性選擇放棄或接受，一旦選中結婚對象，就沒有機會再約會別人。

最好的選擇方法存不存在？事實上是存在。好的方法可以增加達成目標的機會，當然不能否認還有運氣的成分。

不如我們就用模型來類比實戰一下。顯然，你不應該選擇第一個遇到的人，因為他是最適合者的機率只有二十分之一。這個機率可以說是非常的渺茫，直接把籌碼放在第一個人身上，也是最糟的賭注。同樣地，後面的人情況都相同，每個人都只有二十分之一的機率可能是二十個人當中的最適合者。

可以將所有的追求者分成組（比如分成五組，每組四人）首先從第一組中開始選擇，與第一組中每個男性都約會，但不選擇第一組中的男性，即使他再優秀、再完美都要選擇放棄。因為，最合適的對象在第一組中存在的機率不過五分之一。

如果以後遇到比這組人更好的對象，就嫁給這個人。**在現實生活中，人們往往就是這麼進行選擇的，透過總結從前戀愛的經驗與心得體會，作為評估後來者的基礎。**

這種方法就像「麥穗理論」一樣，不能保證選擇出的是最飽滿最美麗的麥穗，但是能選擇出屬於最大中比較美麗的麥穗。

這些事都跟錢有關

無論是選擇愛情、事業、婚姻、朋友，最優結果只可能在理論上存在。不把追求最佳人選作為最大目標，而是設法避免挑到最差的人選。這種規避風險的觀念，對我們的人生選擇非常有用。

公有地悲劇

一九六八年，美國經濟學家哈定發表一篇著名的文章《公有地悲劇》，提出著名的「公有地悲劇」理論，即哈定悲劇。

在《公有地悲劇》中，哈定描述一個故事：

有一片茂盛的公共草場，政府把這塊草地向一群牧民開放，這些牧民們可以在草場上自由地放牧他們的牛。

隨著在公共草地上放牧的牛逐漸增多，公共草地上的牛達到飽和。此時再增加一頭牛就可能會使整個草場的牛的單位收益下降，因為再增加一頭牛就會導致草場供應給每頭牛的平均草量下降。但是面對這個情況，每個牧民還是都想多養一頭牛。因為多養一頭牛其增加的收益歸這頭牛的主人所有，增加一頭牛帶來的每頭牛因為草量不足的損失，卻分攤到在這片草場放牧的所有牧民身上。

對於每個牧民而言，增加一頭牛對他的收益是比較划算的。在情形失控的最後，每個牧民都會不斷增加放牧的牛，最終由於牛群的持續增加使得公共草場被過度放牧而造成退化，進而不能滿足牛的食量，並且導致所有的牛因為饑餓而死，因此成為一個悲劇。

一塊公用的牧場通常會發生放牧過度，一塊公共綠地通常會出現一條小路，公共場所的座椅通常會被人弄得又髒又破……這是什麼現象？這就是公有地悲劇，也稱哈定悲劇。哈定悲劇是經濟學中的經典問題。這個悲劇其實是生活中很多故事的縮影，而對這個故事的深思將使我們得到很多領悟。

這個悲劇的產生實際上是由於在多個利益主體的賽局中，每個博弈方都以最大化自己的利益為目的，最終損害大家的公有利益，也損害自己的利益。這個悲劇故事證明如果一種資源沒有排他性的所有權，就會導致對這種資源的過度使用，進而造成資源的浪費。

這些事都跟錢有關

對公共資源悲劇的防止有兩種辦法：一是制度上的，即建立中心化的權力機構，無論這種權力機構是公共的還是私人的——私人對公共地的擁有即處置就是在使用權力；我們可以想像，如果在公共草場上安排一個管理者，他就可以透過對草場的管理，透過對牧民放牧的管理，透過牧牛成本控制數量，最終提高草場的資源效率，最後最大化所有牧民的利益。第二種就是建立一套價值觀來進行道德約束，道德約束與非中心化的獎懲聯繫在一起。

賽局與法律的誕生

從賽局理論的角度解釋法律，法律是凌駕於社會生活賽局的超然之物，是顧及社會各方利益賽局均衡的結果，在社會賽局中具有獨立性，不參與賽局。

假定現實生活中沒有法律，企業甲與企業乙是商業上的合作夥伴，企業甲經常向企業乙購買原材料，由於兩家公司在不同的城市，於是兩個公司經過談判之後簽訂買賣合約，一般在一週最後的那一天，企業甲將現金轉入企業乙的銀行帳戶，企業乙則發貨到企業甲，若違約則處以二～五倍罰款。

實際上，如果企業甲與企業乙都是理性人，他們的合作就是一個有限次數重複賽局，在社會不存在法律的情況下，在兩個公司任何一次交易中都有可能存在其中一家公司不遵守合約，逃款或逃貨，即使企業甲現金充裕，企業乙貨源充足，也會發生以下幾種情況：

- 企業甲和企業乙都選擇合作，雙方收益均為二十萬（企業甲與企業乙的利潤）；
- 企業甲付款，而企業乙不發貨，企業甲損失一百萬，企業乙收益一百萬；
- 企業甲不付款，企業乙發貨，企業甲收益一百二十萬（其中包含二十萬的利潤），企業乙損失八十萬（企業乙貨物的成本，也就是收入減去利潤）；
- 企業甲不付款，企業乙不發貨，雙方收益為零。

很顯然，這是一個有限次重複賽局的囚徒困境，這個賽局則是非對稱賽局。

在沒有法律的前提之下，雙方選擇不合作是自然的納許均衡點。然而，在我們理想的法律環境下，他們所簽合約具有法律效應，一旦有一方違約，另一方有權對其罰款二百萬元，並且法院可以強制執行。在這種情況下，兩個「囚徒」，也就是公司自然都會採取合作策略，完成合約對各方所要求的行動。簡單說來，就是法律改變兩個公司賽局的均衡結果。

著名經濟學家霍布斯認為，國家以法律形式規定對某種行為如「違約」採取懲罰措施，但是如果懲罰措施不力，即使扣除懲罰的成本，行動者從「違約」策略中獲取的好處大於他採取「守信」策略所帶來的好處，國家的法律措施是無效率的或者說是低效率的。因此，國家法律的制定應該以抑制對他人的危害行動為原則。

這就是法律制定的第一條原則：效率原則。效率原則是從對社會的整體考慮分析得出的，從這個意義上說，法律越嚴格越好，越嚴格越有效率。

強制性有效法律是非常重要的。在冷戰時期，美蘇兩個超級大國四十多年的軍備競賽反證出這一點。儘管他們雙方簽訂一些制止軍備競賽的協議，但是因為缺乏一個世界性的公平合理又具有強制性的法律環境，其結果仍然是陷入無法解脫的囚徒困境。

法律制定的第二條原則是，法律對犯法者的懲罰應該以與犯法者給社會或他人造成的危害相等為原則，這就是公平原則。用簡單的一句話說，法律懲罰太重對犯法者不公平，懲罰太輕則對社會或他人不公平。

因此，在不同的國家以及在同一個國家的不同時期，對這兩個原則的態度是不同的。

法律制定的這兩條原則要根據不同時代、不同社會的具體狀況而各有側重。

這些事都跟錢有關

以目前的社會現狀來說，國家法律與立法執法的重要性日益突顯。我們從法律制定的第一條原則來看，違反契約的懲罰越是嚴厲並可信，則博弈者違約的可能性越小，這是路人皆知的道理。

信守誓約與愛情賽局

金庸的武俠名著《神雕俠侶》中寫道，楊過在苦苦等待十六年後，因為無法等來小龍女而縱身跳入寒潭，最後終於與小龍女團聚之後，深有感觸地說了一句話：「可知一個人還是深情的好！」

戀人被愛神抓住以後，就是整天泡在一起。泡在一起做什麼？除了發誓，還是發誓。人生發誓最多的時期，大概就是戀愛期。發什麼誓？無非是什麼非你不娶、非你不嫁的一類誓言罷了，目的只有一個，就是讓對方相信自己能夠天荒地老而此情不渝。他們希望彼此忠誠，進而換來一個好的賽局結果。而且，為了防止對方變心，總要設法讓對方相信，你遇到我是你三生有幸，我遇到你也是萬世不悔。

可是，世間沒有什麼誓約是永恆的。很多愛情的悲劇，往往都是從背棄誓約開始，天下又似乎沒有無誓約的愛情。

這是整天泡在一起的戀人的賽局情形。對於天各一方的戀人來說，彼此就像被隔離審查的囚徒一樣，但不是被關在兩間牢房，而是山高水闊知何處。按照博弈原則，他們除了違背誓約以外，沒有更好的選擇。他們想要在戀愛中成為贏家，最好是不遵守愛的諾言，如此才可以走出「囚徒困境」。

然而，這個結論在實際上是有問題的。因為，生活中戀愛成功的人不少見，廝守一生一世的人也不少見，不能說他們都是勉強的。事實上，他們有些確實生活得很幸福。究竟是什麼機制讓他們能夠信守誓約？我們可以從賽局理論中找到答案。

美國密西根大學的羅伯特・愛克斯羅德組織過一場電腦競賽的試驗。

競賽的思路非常簡單：任何想參加這個電腦競賽的人都扮演「囚徒困境」案例中一個囚犯的角色，他們開始玩「囚徒困境」的遊戲，每個人都要在合作與背叛之間做出選擇。關鍵問題在於，他們不只玩一遍這個遊戲，而是一遍一遍地玩上二百次，這就是所謂的

「重複的囚徒困境」，於是更逼真地反映日常人際關係。

試驗的結果使愛克斯羅德大為吃驚，因為競賽的冠軍獲得者所採取的策略一點都不高深，而是非常簡單：一報還一報。中國人把它叫做「以其人之道，還治其人之身」。

說穿了，所謂「一報還一報」的策略，就是胡蘿蔔加大棒的原則。它堅持永遠不首先背叛對方，因此是十分「善意的」。它會在下一輪中對對手的前一次合作給予回報（哪怕以前這個對手曾經背叛過他），從這個意義上說，它是「寬容的」。

但是它會採取背叛的行動來懲罰對手前一次的背叛，從這個意義上說，它又是「強硬的」。正所謂「人不犯我，我不犯人；人若犯我，我必犯人」。而且，它的策略極為簡單，對手程序一望便知其用意何在，從這個意義上說，它又是「簡單明瞭的」。

後來，愛克斯羅德邀請了更多的人參加競賽，結果試驗來試驗去，每次都是一報還一報者奪魁。

這個競賽說明，具備以下特點的人，總會是贏家：一、善意的；二、寬容的；三、強硬的；四、簡單明瞭的。

戀愛過程，一般都是重複賽局的過程，因此戀人有無數次的機會做到「以其人之道，還治其人之身」。

在這個重複賽局的過程中，誰將是情場上的贏家？誰將在賽局中獲勝？根據羅伯特・愛克斯羅德的試驗，勝利也總是屬於那些善意的、寬容的、強硬的、簡單明瞭的戀人們。反之，惡意的、尖刻的、軟弱的、複雜的戀人們往往會敗北。

本來應該提防戀人，才可以在戀愛中獲勝的簡單賽局模型，因為有不絕於耳的愛情誓言，更因為有對善意的、寬容的、強硬的、簡單明瞭的原則的把握和利用，人世間才有很多美麗的愛情和幸福的婚姻。

這些事都跟錢有關

不過，經濟學家告訴我們：最高的賽局境界，應該是忘掉賽局，忘掉善意的、寬容的、強硬的、簡單明瞭的等諸多原則，而進入渾然忘我的境界。

富能量 01

原來，SOKKA 什麼事都跟錢有關

作者　蕭劍
美術構成　騾賴耙工作室
封面設計　斐類設計工作室
發行人　羅清維
企劃執行　張緯倫、林義傑
責任行政　陳淑貞

企劃出版　海鷹文化
出版登記　行政院新聞局局版北市業字第780號
發行部　台北市信義區林口街54-4號1樓
電話　02-2727-3008
傳真　02-2727-0603
E-mail　seadove.book@msa.hinet.net

總經銷　知遠文化事業有限公司
地址　新北市深坑區北深路三段155巷25號5樓
電話　02-2664-8800
傳真　02-2664-8801
網址　www.booknews.com.tw

香港總經銷　和平圖書有限公司
地址　香港柴灣嘉業街12號百樂門大廈17樓
電話　（852）2804-6687
傳真　（852）2804-6409

出版日期　2020年04月01日　二版一刷
定價　320元
郵政劃撥　18989626　戶名：海鴿文化出版圖書有限公司

國家圖書館出版品預行編目（CIP）資料

原來，什麼事都跟錢有關 ／ 蕭劍作.
-- 二版. -- 臺北市 ： 海鴿文化，2020.04
面 ； 公分. -- （富能量；1）
ISBN 978-986-392-306-0（平裝）

1. 經濟學　2. 通俗作品

550　109002570

SeaEagle

SeaEagle